I0753719

IM PRESS

Пётр Немировский

УКРАИНСКАЯ ЗИМА

Бостон • 2023 • Чикаго

Пётр Немировский Украинская зима

Petr Nemirovskiy Ukrainian winter

ISBN 978-1-960533-00-5

Published by M•Graphics | Boston, MA
www.mgraphics-books.com
mgraphics.books@gmail.com

In cooperation with Bagriy & Company | Chicago, IL
www.bagriycompany.com
printbookru@gmail.com

Proofreading by Julia Grushko
Book design by Yuliya Timoshenko © 2023
Cover design by Larisa Studinskaya © 2023

Printed in the United States of America

Содержание

Часть первая

Часть вторая

Часть третья

Часть четвертая

Часть пятая

ЧАСТЬ ПЕРВАЯ

Без родины можно прожить

Я работал, вернее, подрабатывал парамедиком на «скорой помощи». Три, а порой и четыре смены в неделю ездил по Нью-Йорку с напарником, забирая пациентов из разных мест и доставляя их по назначению. Среди пациентов, которых обслуживала наша компания, в основном были старики. Мы отвозили их в больницы или различные медицинские учреждения. Но встречались и молодые, и среднего возраста: иногда по распоряжению диспетчера мы подбирали с улиц жертв автомобильных аварий, покалеченных в драках, наркоманов в передозах, имели дело и с психиатрическими пациентами.

В последнее время я старался выбирать свою смену так, чтобы в паре со мной работал мой 20-летний сын Давид, недавно получивший сертификат парамедика. Давид учился в колледже на Манхэттене на медицинского инженера. По моему совету, он закончил ещё и полугодичные курсы, чтобы во время учёбы в колледже подрабатывать парамедиком. Сыну эта работа нравилась, учёбе в колледже она не мешала, к тому же, по моему мнению, расширяла круг его медицинских познаний, что могло пригодиться для его будущей профессии, тоже связанной с медициной. Ну, и пару долларов в кармане тоже никогда не помешают. Словом, у нас с сыном неожиданно сложилась семейная команда парамедиков.

Для меня же эта работа была нужна, в первую очередь, в качестве финансового подспорья. Что же касается самой работы как таковой, то настоящий живой интерес к ней у меня был только вначале, но три года спустя этот интерес заметно ослабел. То, что когда-то вначале мне казалось разнообразным и непредсказуемым, постепенно превратилось в рутину. Подобное наверняка случается с любой работой, говорят, даже у актёров или журналистов, то есть даже у людей творческих профессий, происходит похожее. Что уж говорить в таком случае о работе санитара?

По образованию я историк. Когда-то в Киеве закончил исторический факультет в университете. В Нью-Йорке долгое время пришлось работать в разных местах, не имевших ничего общего с профессией историка. Но пристрастие к истории меня не покидало и в Нью-Йорке. В конце концов мне удалось получить должность преподавателя истории в одном колледже в Нью-Йорке, где я вёл два класса на программе для бакалавров. Также три года назад я поступил в аспирантуру, чтобы получить степень доктора (PhD) истории. Степень доктора в будущем давала бы мне возможность работать в колледже профессором уже не по краткосрочному контракту, а на постоянной основе и на полную ставку, то есть вести не два класса, как сейчас, а четыре или пять, участвовать в различных академических проектах, разрабатывать учебную программу, короче, иметь полноценную работу, которая мне бы нравилась и где бы я чувствовал себя на своём месте.

Так бывает в жизни, у каждого складывается по-своему: один сразу, найдя своё призвание, направляет все силы в одном направлении, бьёт в одну точку и часто достигает успеха. (Впрочем, не всегда.) А вот у другого путь идёт зигзагами, порой до того причудливыми, что человек может даже сбиться с курса, потерять конечную цель. И вдруг — выходит победителем! Словом, общих правил нет.

Как аспирант университета третьего года обучения, я уже приступил к работе над диссертацией. Темой диссертации выбрал «Оппозиция при цезарях в Древнем Риме». Конечно, я мог выбрать тему, связанную с Киевом, Киевской Русью или современной Украиной, что было бы, пожалуй, более естественно и проще, так как я родом из Киева, пять лет в киевском универе изучал историю Украины. Но я выбрал Древний Рим.

Украину я никогда не любил, как, наверняка, не любили её многие евреи, жившие в Украине и покинувшие её при первой же появившейся возможности «свалить» после развала Совка. Я считал украинцев — если не всех, то подавляющее их большинство — антисемитами, антисемитами по духу, и этого одного для меня было достаточно, чтобы не любить ни Украину, ни украинцев.

При этом, как ни странно, большинство моих киевских друзей студенческой поры были украинцами. Близкие друзья, с которыми мы «гудели» во время учёбы, «отрывались» на дачах в Буче и Ирпене, ездили в Крым, Одессу или Карпаты. Мы и женились все приблизительно в одно время, были друг у друга на свадьбах свидетелями, потом в наш круг вошли и жёны.

После моего отъезда в Америку прошло едва ли не четверть века. Из Америки друзьям в Киев с каждым годом я звонил чем дальше тем реже; жизнь иммигранта в Нью-Йорке слишком отличается от жизни киевлянина в Киеве, общего у нас становилось всё меньше. С первых же дней в Штатах у меня началась бешеная напряжённая жизнь: поиски работы, изучение английского языка, поиски себя. Иногда приходилось работать одновременно и в двух, а то и в трёх разных местах, тыкаться во все дыры, чтобы не просто приспособиться к новой жизни в чужом месте, но и чего-то добиться. И при этом нужно было вносить свою лепту в семью, в семейную кассу, в воспитание сына и заботу о пожилых родителях.

Когда я звонил в Киев в какую-то дату, скажем, в день рождения друга или его жены, наши разговоры затягивались до бесконечности. Они, в Киеве, были готовы говорить часами, а я жил с ощущением, что мне постоянно нужно куда-то спешить, что у меня полно важных, неотложных дел, а времени в обрез, что я ничего не успеваю и сейчас трачу в этой телефонной болтовне своё драгоценное время. Разговоры с киевскими друзьями вызывали у меня сильное раздражение и досаду ещё и оттого, что наши жизни теперь слишком разные, поэтому мы больше не можем быть близкими, как прежде. Друзья в Киеве наверняка это тоже чувствовали, я догадываюсь, и оттуда, с того берега океана, я тоже всё реже получал от них звонки и месседжи по Фейсбуку или Вотсап.

Украина же для меня была страной третьего мира.

Моя жена по национальности — смешанная украинка и русская, родившаяся и выросшая в Киеве. Двадцать пять лет назад мы с ней встретились и поженились перед отъездом в США. Она вообще не считала Украину страной. «Украина — это не страна, а территория. Всё, что там происходит, меня совершенно не интересует», — заявляла она, когда изредка я делился с ней какой-то новостью из Украины, случайно попавшейся мне на глаза в ленте новостей. Такой категоричный взгляд моей жены на Украину — «не страну, а территорию» — мне не нравился из-за своей упрощённости. Однако, по сути, я тоже так считал.

Ну да, ну да, Киевская Русь, «Плач Ярославны», Киево-Печерская лавра… Казачество. Еврейские погромы

Богдана Хмельницкого, которого несколько поколений украинских евреев после его смерти ещё называли «Хмель-злодей». Гайдамаччина. Опять еврейские погромы, повешенные или с отрезанными гениталиями еврейские шинкари в польско-украинских городках и посёлках. Неудачная попытка украинской государственности во время революции начала прошлого века, когда украинцы передрались между собой и снова почти на целое столетие утратили шанс иметь своё государство. И нынешняя Украина — сборище коррупционеров у власти, взяточников, барыг с поросячьими глазёнками, которые понятия не имеют о гражданском долге, а движимы только неистребимой тягой к корыту, где деньги, деньги, хаты на Печерске. Убийственный непрофессионализм, продажность, глупость. Каждый народ достоин своей власти. И кто сказал, что все народы равны? Народы — как люди, среди них есть талантливые и бестолковые, просвещённые и дремучие, миролюбивые и воинственные, и т. д. Об этом не принято говорить вслух, но так оно и есть, трудно отрицать очевидное.

Я привык к той мысли, что у меня нет родины. Украина не была мне родиной. Америка родиной не стала.

Но это не беда. Нельзя прожить без хлеба и без воды. Нельзя прожить без воздуха. Трудно прожить без крова, без денег, без семьи. Это потребности первоочередные, базовые. Без родины прожить можно. Без родины никто не умирал.

В Америке меня называли «русским» (Russian) — как «русскими» до недавнего называли почти всех иммигрантов из бывшего Совка. Изредка я вяло поправлял: «Я не из России, а из Украины». Но многие американцы не знали, что это за страна — Украина и где она находится. А объяснять, что я — еврей, из Украины, но мой родной язык — русский, — такое может и вовсе сбить с пантелыку неосведомлённого собеседника. Поэтому я давно привык к тому, что в Америке я «русский». И, кстати говоря, не видел в этом ничего плохого. Напротив, быть «русским» в Штатах всё-таки гораздо лучше, чем «жидом» в Украине. Русский — всё-таки представитель великой нации, прославившейся, в первую очередь, своей культурой. Я всегда чувствовал себя связанным незримыми прочными нитями с Толстым, Пушкиным, Булгаковым, Есениным, Шукшиным, героями русских народных песен. Я их любил и понимал. Русские писатели и поэты, историки, герои романов и песен — и замёрзшие в степи ямщики, и поручики Голицыны, и доблестные русские солдаты, — все они мне были понятны, близки, они были неотъемлемой частью меня. Даже персонажи из блатных песен Высоцкого мне казались благороднее украинских казаков и гайдамаков, которых я — еврей — всегда воспринимал как убийц и гонителей своих предков.

Поэтому я уехал в Штаты. Поэтому темой для своей докторской диссертации я выбрал Древний Рим, но не Украину.

Эти представления мне казались верными и незыблемыми, само собой разумеющимися, не вызывавшими сомнений.

Так продолжалось до 24 февраля 2022 года.

Началась война.

Это не моя война

Сенька, брат! Ты слышал, эти суки окружают Киев?! Сегодня по новостям передавали про какую-то ночную стрельбу на Подоле, вроде бы их разведовательно-диверсионная группа проникла в город. Но их уничтожили. Ты видел эти длиннющие колонны русской бронетехники, идущие на Киев? Кошмар, настоящий кошмар, блин.

— Да, да. Это впечатляет, это круто. Жесть. Они должны сдаться — и всё. Сопротивляться глупо, даже смешно.

— Кто должен сдаться? Украинцы должны сдаться? Ты серьёзно так считаешь? Ты хочешь, чтобы русские танки вошли в Киев? Ты хочешь, чтобы украинцев выгнали из их домов, отправили в Сибирь, а в их квартирах поселились буряты и кадыровцы? Брат, ты что, блядь, не понимаешь, что русские устроят украинцам геноцид такой же, как когда-то немцы устроили евреям?

— Ну, насчёт геноцида ты загнул. Пожалуйста, не сравнивай украинцев и евреев, не ставь их в один ряд. Евреев немцы хотели уничтожить. А хохлов — что? Никто их не будет трогать, заткнут только горлопанов и демагогов, остальных не тронут. Поставят для них ещё пару памятников Шевченко, дадут им бесплатно по кульку гречки, и они успокоятся. Как будто бы ты не знаешь этот народ и никогда с ними не жил. Это жлобы и быдло, которые устроили свой идиотский Майдан и теперь за это расплачиваются. Они сами во всём виноваты. Или они думали, что Путин им всё позволит и для них всё безнаказанно сойдёт с рук?

— Ты что, брат, топишь за Путина даже сейчас?

— Нет, за Путина я не топлю. Мне тоже многое не нравится из того, что он делает. Но не надо меня агитировать. Я как-нибудь разберусь сам, без твоей агитации. А этим жмурикам в Киеве нужно сдаться. Ещё вот что ты должен помнить: если я уехал из той страны, значит у меня на то были свои причины. И у тебя, кстати, тоже. Это не наша война.

Я молчал.

— У меня вот сейчас другая проблема, — продолжал брат. — Послезавтра я должен ехать в Турцию на курорт. Но Марина мне уже морочит голову, она оказалась страшно назойливой бабой. Не знаю, как я её выдержу там неделю. И зачем я затеял эту поездку? Лучше бы поехал с женой. Но билет взят на её имя, деньги заплачены, а вернуть нельзя.

— Марина? Это твоя новая любовница?

— Да. Разве я тебе не говорил о ней?

— Нет. Но мне это неинтересно. Гудбай, — я нажал кнопку на мобильнике, и наш разговор прервался.

Я всё ещё не мог поверить, что мой брат Сенька — такой. Что он — киевлянин — так отреагирует на эту войну.

Сенька жил в Бремене (город в Северной Германии) немного дольше, чем я в Штатах. Он уехал со своей женой за границу первым из нашей семьи, не дождавшись разрешения из посольства США, где у нас возникла какая-то неразбериха с документами. Сенька был для меня родным человеком, и не только по крови. Я знал, что могу на него во всём положиться и рассчитывать на него в любую минуту. Он меня тоже любил. Когда мы с женой и родителями наконец уехали в Штаты, в Киеве оставалась не проданной наша трёхкомнатная квартира. Сенька, в то время уже находясь в Германии, занялся продажей этой квартиры. Продал её очень выгодно, а потом нам в Америку перевозил деньги — пачки наличных прятал в одежде, несколько раз ездил туда и обратно, пока не передал всё до последнего цента. Конечно, можно было эти деньги перевести через банк, но он считал, что неразумно платить банку за услуги перевода. К тому же у него был повод повидаться со мной лишний раз.

Когда мне впоследствии были нужны деньги — на учёбу, или на квартиру в Нью-Йорке, или на новую машину — я ему писал через Фейсбук: «Брат, мне нужно позарез пятьдесят тысяч. На год». И он отправлял без разговоров. Причём он не был крутым бизнесменом — все годы в Германии работал водителем автобуса, не шиковал, точнее, был скупым, как смерть, умудряясь экономить даже на любовницах. Ни его жена, ни любовницы, ни взрослая дочь — никто не знал, сколько у него денег и сколько вообще банковских счетов. Эту великую тайну он доверял только мне. Если бы в один день я попросил у него одолжить мне ВСЕ его деньги со ВСЕХ счетов, он бы подумал одну минуту и… согласился. А если бы понадобилось, то сам бы эти деньги привёз мне в Нью-Йорк «контрабандой».

Но сейчас я не мог слышать его голоса. Он мне был противен. «Хохлы, жлобы, жмурики. Сами во всём виноваты. Они должны сдаться». Я не мог это слушать. Новости о том, что русские прорвались на Подол, что их ракеты разрушили здания во Львове, что они пытаются высадить десант в Одессе, а в Херсоне по центральным улицам уже ползёт их бронетехника, вызывали у меня душевную и даже физическую боль. Мне казалось, что какая-то железная лапа вырывает с кровью куски моей души.

Я и сам не знал, из чего состоит моя душа. Не мог предположить, что она создана из прогулок по Подолу, где жила когда-то моя бабушка Хана, к которой я всегда любил приходить в гости; что она создана из Одессы, где мы с женой после свадьбы провели свой медовый месяц; что в душе и Херсон, где мы отдыхали летом с друзьями на студенческой базе отдыха, и Карпаты, куда я ездил в археологические экспедиции на раскопки. Я считал, что схожие реакции на это вероломное вторжение России в Украину должны возникать у любого нормального человека, тем более у моего родного брата, с которым мы были так похожи, прожив вместе в доме под одной крышей в Киеве много лет. Но оказалось — он видит по-своему, совсем иначе.

Он — еврей, и не только по крови. По своей натуре, он из тех затюканных, которым передались рабские гены местечковых евреев, привыкших к многовековым унижениям. Он из тех евреев, которые готовы сразу сдаться, опустить голову и покорно пойти на расстрел в Бабий Яр.

Да, он помнит все обиды, нанесённые ему украинцами. Он помнит травлю в школе, когда одноклассники-хулиганы его оскорбительно называли «жидком» и «маланцем», били его, вымогая деньги. Он помнит, что эту травлю организовала и поддерживала не кто иной, как их классная руководительница, та ещё антисемитка, которая при случае прилюдно позорила и оскорбляла брата, называя его «собакой, которая, может, что-то и понимает, но не в состоянии что-либо сказать». Поэтому Сенька не может и не хочет им этого простить.

А ещё он — финансовый пророк, наверняка уже подсчитал, в какую копеечку грозит вылиться эта война лично ему. Ведь любая масштабная война — это нестабильность, что неизбежно скажется на экономике. А Германия зависит от российского газа и нефти, сидит на российской нефтегазовой игле. В Бремене, на севере страны, и без войны зимой холодно, зато счета за электричество и газ сумасшедшие. Какие же будут счета в случае, если украинская война затянется?

Неужели я потерял брата? Я не хотел, чтобы это было правдой. Но я также не хотел сейчас его ни видеть, ни слышать.

Шестиугольный талисман

С начала войны прошло десять месяцев. Наступил белый декабрь.

…

— Присядем на дорожку, — предложила моя жена, и мы все втроём — я с женой и сын — сели.

Давид тут же достал из кармана телефон и стал просматривать там какие-то месседжи. Он чему-то усмехался, слегка поглаживая щёку, покрытую элегантной «аристократической» щетинкой.

Не знаю, что заставило меня остановить на сыне взгляд. Что-то в его лице мне показалось новым, но я не мог понять, что именно. Ах, да, у Давида как будто немного изменилась форма лица; его лицо вытянулось, удлинилось, скулы слегка выдвинулись вперёд, а щёки впали. Мне почудилось, что я где-то видел точно такое же лицо, но не мог припомнить, где.

«Странно, я вижу сына каждый день, мы с ним вместе в кабине машины «скорой» проводим две смены в неделю, по десять-двенадцать часов в сутки. А только сейчас я обнаружил, что его лицо так изменилось. Но где же я видел точно такое же лицо?» — задавался я этим вопросом, поглядывая на сына. Но ответа так и не нашёл.

— Пора. Поехали.

Мы все трое поднялись.

Сын вытянул из пазов ручку лежавшего на полу большого чёрного чемодана на колёсиках. Жена подошла к иконе Богородицы в углу и, слегка поклонившись, перекрестилась. Что-то прошептала тихо, наверняка просила защиты мне в дорогу.

А я, выходя из дому, остановился перед фотографией своей бабушки Ханы, стоявшей на книжной полке. Бабушка улыбнулась мне с фотографии. И я сразу понял, что она будет моим ангелом-хранителем в этой поездке. Именно так — в этой поездке — она.

Я хотел взять у сына из рук чемодан, но он отказался:

— Папа, релакс. Я сам.

Мы подошли к машине, припаркованной возле дома. Давид открыл багажник, легко подхватил тяжёлый чемодан и уложил его в авто. Потом он сел за руль, а мы с женой — на заднее сиденье.

Завёлся мотор: «Р-р-р...» Поехали.

По дороге в аэропорт мы с женой говорили о том, что в Киеве сегодня опять отключили свет на полдня, что, по мнению какого-то очередного военного эксперта, вторжение русских из Белоруссии всё-таки состоится, но, вероятно, не в этом месяце. Жена рассказывала, что сегодня во время ланча на работе разговаривала по Мессенджеру со своей киевской подругой, ещё в конце весны уехавшей из военного Киева в Амстердам к своей взрослой дочери, которая жила там давно. Так вот, материально у подруги всё окей, но морально ей там очень трудно: с дочерью общего языка нет, эта война её дочку почему-то мало интересует. Подруга моей жены чувствует там себя лишней, не у дел, без работы, без любимого дела — она кинорежиссёр. Поэтому она собирается вернуться в Киев.

— Понятно.

— Юрчику, одевайся там потеплее. Я смотрела прогноз погоды в Украине, там всю неделю будет снег. И холодрыга. Я тебе положила ещё одну пару тёплых носков. И, пожалуйста, без геройства, никуда не лезь, ладно?

— Ладно.

Я был благодарен жене за то, что она без лишних сцен и выяснений приняла моё решение поехать на пару недель в Киев. У меня в колледже как раз закончился осенний семестр, каникулы аж до середины января. Я знал, что с той минуты, как я ей сообщил о своём намерении отправиться в Украину и что уже взял билеты, жена переживает и волнуется. Но она ни разу не подала виду. Мы с ней жили вместе очень долго и в своём взаимопонимании достигли такого уровня, когда общение строится по принципу умолчания: «я знаю, что ты знаешь, что я это знаю». Применимо к данной ситуации, я знал, что жена знает, что ещё с лета я хотел поехать в Киев, хоть ей этого не говорил. Поэтому моё решение для неё неожиданным не было.

— *Домовылыся? Так чи ни? Будэш обэрэжним?* — спросила она по-украински. С первой недели войны она старалась как можно чаще говорить по-украински.

За годы нашего супружества она при мне не произнесла ни одного слова на украинском языке. Я даже не предполагал, что моя жена знает укранский. Понятно, она родилась и выросла в Киеве, мову понимала, но последний раз по-украински говорила, наверное, в школе на уроке украинского языка и литературы. И больше нигде. У неё дома в семье говорили только по-русски.

В Америке украинский язык, понятно, ей не был нужен вообще. Все филологические усилия были направлены на изучение английского. К тому же, как я уже сказал, для моей жены Украина никогда не была страной, лишь территорией. И вот пожалуйста — она перешла на мову! Все десять месяцев с начала войны она смотрела новости и блоггеров на ютюб по-украински, смотрела онлайн современные украинские фильмы. На работе её сотрудница принесла ей СД-диски с записями малоизвестных буковинских и галичанских народных песен. Жена просила и меня разговаривать с ней дома по-украински, так как благодаря моей учёбе в университете на гуманитарном факультете мой украинский был лучше, чем у неё. Она и к нашему сыну обращалась на украинском в надежде, что он таким образом выучит хоть что-то.

— Подъезжаем. Папа, где мне остановиться? — спросил Давид, когда наша машина уже катила по шоссе аэропорта.

— Подъезжай прямо к дверям терминала, — сказал я. — Сынок, чем ты будешь заниматься все три недели каникул?

— Первые две недели буду много работать, возьму несколько ночных смен, — ответил Давид.

— Зачем?

— Папа, ты что, забыл? В начале января я еду с Лорейн на неделю кататься на лыжах. Поэтому мне нужны деньги.

— Окей, работай. Но, пожалуйста, не торопись, когда будешь иметь дело с пациентами-бегемотами. Помнишь, я тебе показывал несколько раз, как надо поднимать носилки с тяжёлыми пациентами, чтобы опять не сорвать себе спину? Кстати, у тебя боли в спине уже прошли? — спросил я, имея в виду недавний случай, когда мы с Давидом во время смены спускали на носилках с четвёртого этажа чернокожую, страдающую ожирением. Давид тогда, поспешив, резко выпрямил спину и, поднимая носилки, потянул себе какую-то мышцу на спине. Могло быть и хуже — мог повредить себе позвоночник.

— Хорошо, папа. Ты тоже будь осторожен.

Он остановил машину возле здания терминала, проскользнув в небольшое свободное пространство на дороге, запруженное машинами.

Мы все втроём вышли. Я взял чемодан.

— *Юрчику, любый, будь ласка, бэрэжи сэбэ,* — привстав на цыпочки, жена обняла меня и поцеловала.

Приятная лёгкая грусть защемила мне сердце. Поцелуи во время прощания на вокзале — это всё, что остаётся от юношеской влюблённости. В рутине семейной жизни поцелуи, увы, незаметно теряют своё романтическое содержание и становятся лишь частью секса.

— Гудбай, сынок. Береги маму, — мы с Давидом пожали друг другу руки, и я пошёл к зданию.

— Папа, подожди! — услышал я сзади. Подошедший Давид слегка смутился, будто бы собирался раскрыть мне какую-то великую тайну. Наконец он вытащил из кармана джинсов и протянул мне что-то, зажатое в кулаке. — Это талисман. Он очень сильный, он мне помогал не раз. Возьми его с собой. Он и тебе поможет.

Сын сунул мне в руку что-то металлическое. Это была маленькая бронзовая шестиконечная звезда на цепочке.

Зона повышенной турбулентности

В самолёте всегда легче и приятнее размышлять о своей жизни. Почему? Ответ, в общем-то, прост. Самолёт выводит тебя из круга повседневности в буквальном смысле, удаляет тебя физически на невероятное расстояние ещё и отрывает от земли на тысячи километров. И у тебя уже нет никакой возможности немедленно вернуться назад. Зато такой процесс полного физического удаления побуждает человека посмотреть на свою жизнь более объективно и объёмно, в различных измерениях времени и пространства. Могут открыться и новые грани, и ответы на давно назревшие вопросы, станет понятно, как в цепочке событий прошлое привело к настоящему. И что делать дальше.

Зачем же я летел в Киев? Воевать? Нет, этого и в мыслях не было. У меня семья — жена и сын, есть работа — даже две, учёба — докторская диссертация, планы. Живи я всё это время в Киеве, не стань я гражданином Америки, кто знает, как сложилась бы моя жизнь. Гадать нечего, что было бы. Может, я с Давидом пошёл бы в тероборону, как поступил мой друг Андрей, — вместе со своим 20-летним сыном с первых дней войны записался в ТРО. После того как русских отогнали от Киева, Андрей вернулся домой, а его 20-летний Максим остался в армии. Недавно Максимку отправили под Бахмут — там, говорят, сейчас самое пекло.

Иногда я думаю, останься я в Украине и если бы там родился мой сын, тогда он сейчас собирался бы не со своей гёрлфренд Лорейн кататься на лыжах в горах на севере штата Нью-Йорк, а ехал бы на войну под Бахмут.

Но судьба давно увела меня из Украины, и я не чувствовал за собой долга идти и проливать кровь за ту страну.

Зачем же я ехал в Киев в середине декабря 22-го года, когда русские каждую неделю, а то и несколько раз в неделю обстреливают ракетами и дронами всю территорию Украины и Киев в первую очередь? В Киеве близких родственников ни у меня, ни у моей жены не осталось.

Ехал ли я затем, чтобы повидать друзей? Да, безусловно. В последний раз я виделся с ними 15 лет назад, когда Давид был пятилетним ребёнком и я привёз его на лето к родителям жены, которые тогда ещё жили в Киеве. Но, с другой стороны, с киевскими друзьями я могу поговорить и повидаться и по Фейсбуку, и по Вотсап. Правда, у них сейчас из-за обстрелов не всегда есть связь, но при желании возможность всё-таки можно изыскать. Чувствовал ли я какую-то вину перед ними — они ведь там, в военном Киеве, а я здесь — в мирном Нью-Йорке? Да, это правда: в последние месяцы, особенно с наступлением холодов и с тех пор, как русские стали уничтожать гражданскую инфраструктуру по всей Украине, я стал всё сильнее испытывать моральный дискомфорт от своего бытового комфорта. Утром по дороге на работу, выйдя из дому и ощутив лёгкий морозец в воздухе, я сразу думал о том, каково же им там, в Киеве, без отопления. Без горячей воды? Без света? Моё воображение рисовало мрачные картины нынешней киевской жизни, и это представление усиливали новости, которые сообщали об очередных ракетных обстрелах украинских городов, новых жертвах и новых угрозах Путина стереть Украину с политической карты мира как государство.

Это представление о мрачной киевской жизни, мрачные предсказания аналитиков и военных экспертов, мрачные новости отравляли мне жизнь до того, что не хотелось испытывать никаких удовольствий ни от чего: ни от еды, ни от спортзала, ни от чтения книг или какого-либо другого отдыха. С женой, кстати, мы почти не занимались сексом по этой же причине, жена тоже испытывала похожее чувство, что и я. И не мы одни: некоторые мои сотрудники на работе — и в компании парамедиков, и в колледже, коллеги по работе моей жены, те, кто родом из Украины, — признавались, что испытывали нечто похожее. Поэтому добровольно налагали на себя «аскетические вериги», ограничивая себя в удовольствиях и развлечениях. Это — известное в психологии чувство вины, которое испытывает выживший человек перед погибшим или пострадавшим.

Однако такое чувство вины и сострадания перед теми, перед кем ты не виноват, может внести некоторые изменения в привычный образ жизни, но вряд ли сподвигнет человека на какой-то серьёзный поступок.

Умостившись в кресле самолёта, летевшего в Краков, вытянув под сиденьем ноги и закрыв глаза, я снова спросил себя, правильно ли я сделал, решив поехать в Киев, и каков же главный побуждающий мотив этой поездки.

Как ни странно это прозвучит, на такой поступок меня в большей степени подвиг сугубо профессиональный интерес. Я понял, что обязан увидеть своими глазами, что такое ВОЙНА. Мы, профессиональные историки, анализируем, читаем студентам лекции, объясняем, как на ход истории повлияли те или иные события: различные эпидемии, глобальные экологические или технологические катастрофы, войны. Но зачастую мы сами-то мало или вообще не представляем себе суть вопроса.

Ещё в Украине, в составе небольшой группы студентов университета, я когда-то три месяца работал ликвидатором аварии на Чернобыльской АЭС. Мы помогали там издавать специальную газетку «Ликвидатор». Эта поездка и работа в газете для меня оказались не напрасны и поучительны: в чернобыльской «зоне», как в капле воды, отразились многие изъяны советской империи, доживавшей свои последние дни.

Уже в Нью-Йорке, относительно недавно, я неожиданно оказался в гуще чумы Ковид-19, когда мы с бригадой парамедиков со всех концов Нью-Йорка отвозили в больницы десятки тысяч пациентов в критическом состоянии. Я тогда получил возможность увидеть пандемию «изнутри», осмыслить её глубину и размах, осознать не только её медицинские, но и полико-социальные аспекты.

Теперь я решил, что должен хоть краешком глаза увидеть войну. Пусть не на фронте, так в тылу. Пусть хотя бы в течение всего лишь двух недель. Хоть в таком «урезанном» виде. Я посчитал, что это — мой профессиональный долг и выпавший редкий шанс для историка, который я не имею право упускать.

Открыв глаза, я долго смотрел на большой монитор, наблюдая за траекторией полёта нашего самолёта: вылетев из Нью-Йорка и преодолев океан, мы приближались к Берлину. Правее по карте — Краков. А ещё дальше, на восток — Киев. Лайнер вдруг сильно затрясло, всё зашаталось. «Пиу! Пиу!» — раздался громкий звук в динамиках. Свет погас. «Уважаемые пассажиры, леди и джентльмены. Мы входим в зону повышенной турбулентности. Пожалуйста, займите свои места и пристегните ремни. Не покидайте своих мест до специального разрешения».

В салоне стало тихо. А снаружи монотонно ревели двигатели, и стучали крылья.

Пустой автобус

Краков встретил меня холодом, мокрым снегом и ветром. А в Нью-Йорке сейчас тепло, плюсовая температура.

Был поздний вечер. Неподалёку от здания аэропорта находилась автобусная станция. К местам посадки пассажиров подъезжали автобусы. К одному из этих мест, последнему в ряду, тоже изредка подъезжали автобусы, на табличках за их лобовым стеклом от руки были написаны маршруты следования: «Краков — Харьков», «Варшава — Херсон», «Познань — Тернополь» и т. д. Судя по всему, весь этот украинский развоз был налажен уже во время войны.

Большинство автобусов на этой станции были почти пустыми. У меня автобусный билет на Киев был куплен ещё в Нью-Йорке. Дожидаясь автобуса, я разговорился с несколькими женщинами, которые тоже ехали в Киев. Одна из них была с сыном лет шести, другая ехала одна. Первая возвращалась в Киев с Кипра, где провела полгода в доме у своей знакомой, но сейчас там ситуация изменилась, и её попросили уехать. А вторая возвращалась из Бельгии — на войне был тяжело ранен её младший брат, ему ампутировали ногу, и она ехала его выхаживать. «Слава Богу, что жив», — рассказчица умолкла и, тяжело вздохнув, всхлипнула.

Услышав эту историю про покалеченного брата, другая женщина вдруг резко схватила своего сынишку за рукав курточки и притянула к себе, строго и как-то нервно прикрикнув на него, — мальчуган от скуки то и дело норовил соскочить с бровки на дорогу.

Наш автобус задерживался. К нам присоединилась ещё одна женщина, тоже ехала в Киев, сказала, что задержка автобуса нынче обычное дело, нельзя ожидать в такое время, чтобы автобусы ходили строго по расписанию, в прошлый раз ей пришлось ждать на этой станции два с половиной часа, и она простудилась. Она достала свой мобильник и куда-то позвонила, после долгого разговора сообщила, что связалась со своей кумой в Ровно, которая, в свою очередь, связалась с диспетчером компании, и там ей ответили, что наш автобус сильно опаздывает, поэтому не исключено, что нас посадят в другой автобус. Но когда придёт этот другой автобус, тоже неизвестно.

Я не рассчитывал на такую холодную погоду, на снежные лужи и ледяной ветер, и был одет явно не по сезону. Ноги в лёгких туфлях уже замёрзли, носки, понятно, промокли до нитки, сквозь короткую демисезонную куртку проникал ветер. Я решал, стоит ли сейчас вернуться в аэропорт и там где-нибудь в укромном уголке распаковать чемодан и полностью переодеться. Но тогда рискую пропустить свой автобус, так как он может подойти в любую минуту. Я решил подождать ещё немного, а там будет видно, может, повезёт.

И действительно. Вскоре подошёл современный просторный автобус, где к лобовому стеклу была прикреплена табличка «Краков — Киев». Мы быстро погрузили в багажный отсек свои чемоданы. В билете были указаны места, но автобус был заполнен едва ли на треть. Водитель сказал: «*Сідайте, де хочете. Повно вільних місць. Можете хоч лежати*».

По совету водителя, я улёгся на креслах, перед этим сняв свою мокрую обувь и носки. В автобусе было тепло, хотя сиденье было жестковатым, явно уже с просиженной набивкой. Прошу простить меня за подробности, но перед этим мне пришлось сидеть одиннадцать часов в самолёте из Нью-Йорка до Кракова, потом четыре часа в аэропорту Кракова, дожидаясь автобуса, а теперь предстояло шестнадцать часов дороги автобусом в Киев, поэтому вопрос сиденья стал сейчас если не первостепенным, то немаловажным.

Мы проезжали небольшие посёлки и городки Восточной Польши, за которыми темнели леса, мелькали бензозаправки. Несколько раз по соседней полосе в сторону Украины нас обогнали небольшие колоны бронемашин со слабо горевшими фарами.

В своём прошлом я имел печальный опыт прохождения таможни. Меня часто останавливали без всяких причин в разных аэропортах мира: в Израиле, Германии, Пуэрто-Рико, Франции, России. Устраивали допросы с пристрастием, обыскивали, раздевали в специальных комнатах до трусов, проверяли пряжки моих ремней, вынимали батарейки из моих электроприборов, отнимали бритвенные станки, просвечивали мой американский паспорт какими-то специальными ультрафиолетовыми лучами, но, не найдя никаких весомых улик для ареста, всегда отпускали.

Я не сомневался, что меня задержат и в этот раз на украинской таможне. По крайней мере, сейчас это будет оправдано — война. В большом чемодане я вёз тёплую одежду для жён своих друзей — моя жена купила им тёплые халаты и какие-то термостойкие пижамы, которые хранят тепло, ещё кучу электронных приборов — в основном для зарядки мобильных телефонов с проводами, переходники и самый важный из них — павер-банк, специальные ноу-хау — аккумуляторы для телефонов, которые заряжаются и от сети, и от солнца. Перед отъездом в Киев я случайно увидел в Фейсбуке чей-то пост, где автор расхваливал этот солнечный чудо-аккумулятор, бесценный в нынешних условиях Украины.

Я подумал, что если украинские таможенники прицепятся, почему у меня полчемодана электроники, то отдам им пару этих павер-банков, может, ещё и предложу деньги — и дело будет решено.

Тут я припомнил, что у меня в кармане три тысячи долларов. «Погодь, погодь. Они же меня, как обладателя американского паспорта, обязательно заведут в отдельную комнату, начнут шмонать, увидят полное портмоне долларов и, конечно, потребуют свою долю. Или просто всё заберут». Я невольно припомнил периодические публикации в украинской прессе о том, какие безобразия творятся на украинских таможнях даже во время войны. «В случае, если эти сволочи попытаются отнять у меня деньги, буду ругаться и потребую начальника», — решил я твёрдо.

В памяти всплыли и события далёкой давности, когда в девяностых годах Украину покидали евреи — во время исхода после развала Союза. Я тогда несколько раз сопровождал своих родственников, отъезжавших в Израиль, до границы в Чопе, что на Западной Украине. Таможенники там выполняли роль рэкетиров: они заходили в купе с небольшими сумками и там наполняли их пачками гривень, долларов, рублей, французскими духами, дорогой косметикой, часами, ювелирными украшениями, — короче, всем, чем от них откупались или что они сами требовали от пассажиров. Для покидавших страну евреев такая таможня становилась последним плевком в лицо. Если у кого-то из них и оставались некоторые сожаления насчёт отъезда, то таможенники явно помогали такому человеку расстаться с подобными сожалениями и сомнениями и уезжать с лёгкой душой.

Это воспоминание побудило меня к действию. Усевшись поудобней, я направил тонкий луч телефонного фонарика на толстую пачку купюр, вынутых из своего портмоне. Отсчитал по тысяче долларов и рассовал три пачки по разным местам: одну — в карман походного рюкзака, другую — в карман джинсов, туда, где лежала шестиконечная звезда Давида на цепочке — талисман сына, а третью — во внутренний, «тайный» карман куртки. Понятно, что контрабандист из меня никакой. Но будем надеяться.

Мы подъехали к польско-украинской границе, когда уже была глубокая ночь. Перед нами перед шлагбаумом в сторону Украины стояло лишь несколько автобусов и легковых машин.

Приблизительно через полчаса в наш автобус зашёл польский таможенник. Взяв мой американский паспорт, спросил моё имя и вернул паспорт, даже не всматриваясь в моё лицо. Автобус проехал ещё с сотню метров, до украинской таможни. Мы снова остановились и ждали, наверное, ещё около часа.

Наконец в салон вошла женщина в военной форме, лет тридцати семи — сорока, невысокая, с раскрасневшимся от мороза лицом. Мне она почему-то показалась красивой, хотя была в военной шапке, надвинутой на лоб, и воротник её военной курки был высоко поднят, заслоняя часть её лица.

— *В каком городе пан родился?* — спросила она по-украински, взяв мой паспорт.

(В американском паспорте на первой странице, помимо имени, фамилии и даты рождения его обладателя, указывается ещё и страна его рождения. В моём паспорте, понятно, в этой графе было написано «Ukraine».)

— *У Киеви,* — ответил я тоже по-украински.

— *Давно живэтэ в Амэрыци?*

— *Так. Давно. Дуже давно*, — ответил я, усмехнувшись.

Она тоже усмехнулась в ответ. Затем засунула чистую страницу моего паспорта в висевшую на груди какую-то машинку, раздался лёгкий щелчок.

— *Ось ваш паспорт, будь ласка, панэ,* — протянула мне паспорт с поставленной печатью.

И мне вдруг стало тепло на сердце от этого её взгляда и её голоса. Почувствовал что-то родное, давно забытое родное. Я здесь был своим. Я это понял.

Вскоре мы миновали и второй поднятый шлагбаум и покатили уже по земле Украины. Я снова обустроил своё «автобусное логово» — разложил на сиденьях куртку и свитер, примостил рюкзак в качестве подушки, приготовившись спать.

Перед тем как лечь, взглянул в окно и неожиданно замер, удивлённый. Мы проезжали мимо вереницы легковых машин и автобусов, которые стояли на дороге в направлении польской таможни. Мы ехали пять, десять, пятнадцать минут, наш автобус подбрасывало на ямах, а на противоположной стороне дороги не заканчивалась эта многокилометровая колонна легковых машин и автобусов, ожидавших очереди на таможню, чтобы выехать из Украины в Польшу.

«Сколько же людей пытаются сейчас выехать из Украины? А наш автобус почти пустой».

ЧАСТЬ ВТОРАЯ

Странная тошнота

Мы сидели в кухне в квартире моего университетского друга. За столом нас было пятеро: Тарас и Андрей были со своими жёнами — Наташей и Людой. Пили водку. Тарас — хозяин дома — добавлял в тарелки горячий борщ собственного приготовления.

Тарас стал кулинаром, в списке его талантов приготовление еды занимало явно не последнее место. Помню, он и раньше умел и любил готовить: когда мы отдыхали на дачах или ездили в палатки на Днепр, он тоже брал на себя полную ответственность за шашлыки, уху, запечённую рыбу и картошку, и всё это у него получалось отменно.

Но, как я сейчас узнал, его талант кулинара развернулся во всю мощь после того, как он перенёс обширный инфаркт пять лет назад. Его тогда еле спасли, восемьдесят процентов сердечной мышцы было смертельно поражено. После двух операций Тарас несколько лет восстанавливался, был на инвалидности, страдал тяжёлой депрессией, гипертонией, одышкой и прочими негативными последствиями, сопровождающими послеинфарктное состояние. Разумеется, потерял работу преподавателя в гимназии. Последние пару лет, восстановившись, жил «на малых скоростях», без больших физических и психологических нагрузок и в своё удовольствие: чаще отдыхал, ловил рыбу и собирал грибы. Тогда-то Тарас и развернул кулинарную деятельность на радость своей жене Наташе, которая охотно передала «папочке» (так она его называла) всю кулинарную часть их семейного быта. Их два взрослых сына жили за границей в Европе, один учился там в колледже, а другой уже работал.

Полтора года назад с Тараса сняли инвалидность, посчитав его здоровым. Вот как он прокомментировал это событие: «Собаки, захотели на вольного казака набросить ярмо». На работу «вольный казак» всё-таки вернулся, ярмо надел, правда, уже не учителя, а сторожа. Охранял по ночам ту же гимназию, где перед этим когда-то работал учителем. Сейчас, во время войны, подвал той гимназии превратили в бомбоубежище, поэтому «вольный казак» Тарас стал ещё и начальником бомбоубежища. Когда город бомбят и воют сирены воздушных тревог, Тарас «принимает гостей» и отвечает за порядок внутри помещения во время бомбёжек.

— *Ну що, хлопци, ще по одной? За нашого, так сказать, американського козака Юрковича. За то, що вин прийихав на Неньку у такый важкый час. Хоч вин и жидовська морда, але я його люблю як самого щирого на свити козака*, — Тарас дёрнул ноздрями, сурово взглянув на меня, и вдруг расплылся в мягкой широкой улыбке, отчего его мясистое лицо всё будто бы растаяло. — *За тэбэ, друже*, — повторил он, приподняв рюмку с водкой в руке, и с театральной почтительностью слегка наклонил голову в мою сторону.

— *Дякую, батьку*, — ответил я, опрокидывая свою рюмку.

Как и двадцать пять лет назад, мы сразу перешли с Тарасом на шутливо-иронический язык «Тараса Бульбы», где Тарасу всегда принадлежала роль «батьки», «отамана», «гетьмана», а всем остальным — обычных «рядовых казаков». Впрочем, в натуре Тараса, на первый взгляд, не было ничего грозного, строгого и сурового, в душе он был добрым человеком, можно даже сказать, чрезвычайно добрым и мягким. Однако в нём же сильно была выражена и национальная украинская широта чувств, и в то же время угадывалась глубинная стойкость, прочность и… даже какая-то странная древняя дикость.

Борщ у него получился отменный, не берусь описывать всю вкусовую гамму этого неповторимого красного борща с большой белой плямой сметаны, наполнявшего густым и пьянящим ароматом кухню, всю квартиру, весь дом и… всю Украину, от края до края. Не менее вкусны были и белые грибы, собственноручно собранные Тарасом этим летом в черкасских лесах и сегодня пожаренные в сметане с луком и перцем, специально к моему приезду.

— Ты молодец, что приехал, — сказала Наташа, его жена. — Мы уже думали, что ты нас совсем забыл и больше никогда не приедешь в Киев.

— Я тоже так думал, — признался я. — Проклятая война всё изменила.

— Что, совесть загрызла? — спросил Тарас в шутливо-ироничной манере.

— Да, что-то вроде.

— Видишь, ты привёз нам свет. Сегодня целый день есть свет и связь. Давно такого не помню, — сказала Люда, жена моего второго друга Андрея, который тоже с нами сидел сейчас за столом и что-то рассматривал в телефоне.

— Ты, Юрко, не спеши, ешь медленно. Еды я наготовил много, не переживай, голодным не останешься. Сейчас доедим борщ и приступим к индейке. А то как? Или ты думаешь, *що* мы тут лапу сосём? Не дождётесь. Вот им всем, — Тарас поднял руку с распрямлённым средним пальцем.

— Папочка у нас кулинар высшего разряда. Ты видишь, как я выгляжу? Из-за его блюд я растолстела, как бочка, что аж самой стыдно, — пожаловалась Наташа. Краска смущения проступила на её лице.

Она и в самом деле располнела. А когда-то была в чудесной форме, правда, не худенькая, не балерина с осиной талией, зато очень ладно скроенная и фигуристая.

Изменилась не только Наташа. Изменился и Тарас, и Андрей, и Люда — все они сейчас выглядели смертельно уставшими, какими-то постаревшими, что ли. Впрочем, ждать, что люди за двадцать пять лет помолодеют, тоже не приходится, всем уже далеко за пятьдесят, а Андрею несколько месяцев назад стукнуло шестьдесят.

И всё равно, несмотря на возраст, на двадцать пять лет разлуки, меня сейчас не покидало чувство, что все они — сидевшие за столом — постарели совсем недавно, за последние месяцы, вернее, за последний год.

— Папочка у нас не только отменный кулинар, — продолжала Наташа, ласково потеребив мужа за щёку. — Он у нас ещё и настоящий военный стратег. Если бы не он, неизвестно, что с нами было бы. Знаешь, как мы встретили войну?

— Как?

— Тарас накануне напился с Владом у нас дома до поросячьего визга. Я вызвала Владу такси, упаковала его в машину, потом вернулась домой. Затем уложила папочку на диван, он всё ещё кричал: *«А где Влад? Мы з ным ще на коня не выпылы!»* Короче, уложила его спать. Ночью вдруг слышу — ба-бах! ба-бах! Вскочила, подбегаю к окну, — пылает за многоэтажками! Ну вот, думаю, пипец. Война, блядь. Бегу к Тарасу, а он храпит себе на кровати. Он, пьяный, всегда храпит так, что вся мебель в доме трясётся. Бужу его: «Тарас! Милый! Вставай! Война!» А он брыкается, отталкивает меня и бормочет: *«Где Влад? Мы з ным на коня ще не выпылы».* А я его трясу и ору: «Вставай! Вставай! Война!» В общем, насилу его растолкала. Он сел, продрал глаза. А за окнами опять грохот такой, что дом сотрясается. А ему говорю: «Побежали в Ирпень». У меня там, в Ирпене, мама живёт. «Или бежим в Бучу, к твоей тётке, подальше из Киева». Он помолчал, почухал затылок и *каже*: «Нет, кыця. Остаёмся здесь, в Киеве. В Киеве три миллиона жителей, город просто так не сдадут. А Бучу или Ирпень русские могут взять намного легче, чем Киев». Ты помнишь, как это было? — обратилась она к мужу и, не дождавшись его ответа, продолжала: — И он оказался прав. Если бы мы тогда уехали в Бучу или Ирпень, мы бы там застряли, когда туда вошли русские. И нам был бы пипец. Папочку они бы убили, а меня бы изнасиловали в первый же день. Я даже не сомневаюсь в этом.

Тарас в это время сидел, корча рожицы. Он то сильно наморщивал лоб, то надувал щёки, не сводя глаз с бутылки водки на столе.

— Папочка очень рациональный человек. На первый взгляд он как будто шут гороховый, но когда доходит до дела и ситуация критическая, он очень, очень рациональный, умеет собраться, сосредоточиться и спокойно принять единственно правильное решение. Не то, что я, — сказала Наташа. Затем строго посмотрела на мужа. — Ты что, опять наливаешь? Сколько можно? Вы уже выпили почти литр! Всё! Я тебе запрещаю открывать вторую бутылку, перестань спаивать Юру, он ведь устал, двое суток в дороге.

Тарас закивал, но при этом всё равно разливал из бутылки остатки.

— Андрею больше не наливай, он за рулём.

Андрей оторвался от телефона — он что-то читал в Фейбуке или просматривал новости. Пригладил свои густые усы.

— Да, я за рулём. Под Бахмутом, пишут, ночью шли тяжёлые бои. Нехорошо.

Возникла недолгая пауза.

— *Ну то, друзи, за пэрэмогу над клятыми московськими ворогами!* — Тарас опрокинул рюмку и, поднявшись, пошёл к плите, где в чугунке ждала своего «выхода» запечённая индейка.

— А у меня, когда началась война, возникла странная тошнота, — неожиданно признался Андрей. — Да, какая-то тошнота. Как только я услышал первый взрыв за окном и понял, что война, вдруг так подступило к самому горлу, что думал — сейчас вырвет. Непонятно, почему такое. Эта сильная тошнота длилась несколько дней.

— Он и не спал тогда, по ночам стонал, ворочался и хрипел так, будто задыхается, — подключилась Люда.

Все умолкли, устремив глаза на Андрея.

— И как же это прошло? — спросил я.

— Всё прошло в один день, сразу. Я приехал в военкомат, чтобы вступить в тероборону, но там была такая очередь желающих, что можно было стоять хоть месяц и ничего не выстоять. Тогда я позвонил Максиму (сыну), он к тому времени уже был в тероборонe. Он сказал: «Папа, приезжай сюда к нам, в Голосеево. Я поговорю с нашим ротным, попрошу за тебя». Короче, я приехал в Голосеево, мне там сначала отказали, сказали, что мне уже 59, мол, старый, тут молодым места нет, все отряды уже сформированы, и оружия нет. Но я стал упрашивать того ротного, сказал ему, что я — из семьи военных, что когда-то занимался спортивной стрельбой, что мой сын сейчас в вашем отделении. Короче, уломал его. Потом мне дали автомат и два рожка патронов. Как только я взял автомат, вставил рожок, передёрнул затвор, — сразу выздоровел, тошноту как рукой сняло.

— А я в первые две недели войны вообще не ел ни фига. Не хотел. Вот не ел вообще ничего, даже хлеба, — признался Тарас. — Сбросил, наверное, килограммов пять, — он похлопал себя по животу.

— А я наоборот — поправилась. С начала войны ем как не в себя. На меня иногда находит такой панический страх, что не могу с собой справиться и начинаю есть всё подряд. Полный пипец, — пожаловалась Наташа. — Вдобавок папочка балует меня своими блюдами. Змей-искуситель, — пошутила она, глядя, как на стол опустилась большая тарелка с запечённой индейкой, принесённая Тарасом.

В кухне благоухало, аромат борща, медленно растворившись в воздухе, уступил место аромату запечённой индейки в яблоках и черносливе.

— *Ну що, друзі, ще по чарці? За перемогу. Щоб усі москалі повиздихали.*

Вороны Берковецкого кладбища

Слышал взрывы? — спросила Наташа, когда я открыл глаза и потянулся, выпростав руки из-под одеяла.

— Нет. А что, были взрывы?

— Ты что, шутишь? Два прилёта в Шевченковском районе, разбило ТЭЦ. Ты что, и вправду не слышал, как свистели ракеты?

— Нет. Я слышал, как храпел Тарас в соседней комнате. Так я залез с головой под одеяло. Может, поэтому ничего не слышал.

— Это пипец. Уедешь, так и не услышав ни одного взрыва.

— Не переживай, ещё услышит, ещё бабахнет, — сказал Тарас, войдя в комнату. — Ну что, сынку, вставай. Я нагрел вареников. Казак с утра должен плотно поесть, чтобы быть готовым бить москалей. Ты не замёрз? У нас тут не Африка, батареи еле топят.

— Нет, не замёрз. Я ведь спал в одежде и под двумя одеялами.

— Ну то добре. Тогда вставай. Ты же хотел с утра на кладбище поехать, а после обеда нам нужно будет Влада из больницы забрать. Он сам, без нас, домой не доберётся.

Приблизительно через час мы с Тарасом подъехали к широкой арке старого Берковецкого кладбища. Я купил у продавщицы большой букет роз, рассчитался с таксистом, и мы с Тарасом пошли по дорожкам кладбища к могиле моей бабушки, умершей сорок пять лет назад.

Сыпал мелкий снежок, покрывая сплошным мягким ковром дороги, гранитные плиты, кресты, кубки скорби, кусты и старые деревья. У входа на кладбище ещё стояло несколько посетителей и работников кладбища. Но по мере нашего удаления вглубь посетители полностью исчезли. Лишь изредка по дороге проезжала какая-то машина, а потом снова всё замирало, погружаясь в вечную недвижность и покой. Только медленно падал снег, и ещё, чем-то напуганные или недовольные, с дерева на дерево порой перелетали вороны.

Уже второй день я ездил по Киеву, имея возможность наблюдать (пока только из машины) за изменениями в городской архитектуре. Изменения были значительными. Город был застроен новыми модерновыми зданиями, целыми роскошными архитектурными комплексами. Иногда мне даже было трудно понять, в каком районе города я сейчас нахожусь, до того всё было неузнаваемо. Зато здесь, на старом Берковецком кладбище, время действительно остановилось. Здесь всё было точно таким же, как и четверть века назад.

— Ты знаешь, где могила? Ты уверен, что найдёшь? — уточнил Тарас.

— Я знаю номер участка — 113-й. Вроде бы это недалеко отсюда. Мы всегда заходили к ней со стороны старых ворот, оттуда я нашёл бы дорогу с закрытыми глазами, а вот от новых ворот я туда никогда не ходил. Не беда, найдём. Места знакомые, очень знакомые, — уверял я Тараса, хотя, по правде сказать, смутно догадывался, что блуждаю, уже не ориентируясь, в каком месте кладбища мы находимся. Нумерация участков была совершенно запутанной, лишённой всякой логики.

Неосознанно я засунул руку в карман джинсов и нащупал там холодную бронзовую шестиконечную звезду на цепочке, — талисман, переданный мне сыном в дорогу. «Боже, приведи меня туда. Мне это очень важно. Я знаю, что чудес не бывает. Всё равно — please — сделай это».

— Вон дядька какой-то идёт. Сейчас у него спросим, может, он подскажет, — сказал Тарас, указывая рукой на какого-то мужчину среднего возраста, шедшего по дороге неподалёку.

— Вы не подскажете, случайно, как нам попасть на 113-й участок?

— Вам нужен старый еврейский участок? Конечно, знаю. Он рядом с татарским участком, так?

— Да. Точно.

— То вы ж, хлопцы, идёте совсем в другом направлении. Считайте, вам повезло, что встретили меня. Идите за мной. Я здесь, на этом кладбище, чуть ли не родился, здесь работаю всю свою сознательную жизнь, — не без гордости сообщил мужчина.

— Здесь вы и умрёте, — пошутил Тарас.

— Умирать я как раз и не собираюсь, — возразил мужчина сердито.

По пути он поведал, что родился в роддоме неподалёку от кладбища, живёт тоже рядом и работает здесь смотрителем уже почти тридцать лет, поэтому знает тут каждую тропку. Он с увлечением стал в подробностях рассказывать нам истории из «бурной» кладбищенской жизни, но Тарас его перебил:

— Я слышал, что здесь будут хоронить погибших воинов ВСУ, это правда?

— Да, сейчас расчищают место возле одного старого участка, там уже никто не ходит. Теперь там готовят новый участок для наших военных. Но это в другой стороне, отсюда далеко… Вот, хлопцы, мы и пришли. Узнаёшь? — обратился он ко мне.

— Да, теперь узнаю. Мне вас Бог послал, — поблагодарил я его.

Попрощавшись, мужчина ушёл. А мы с Тарасом стали ходить по рядам, разыскивая могилу моей бабушки. Каждый ходил по выбранному ряду, я сказал Тарасу, какой формы памятник, какое имя выгравировано на гранитном камне и что на том памятнике две фотографии — бабушки и деда.

Снега здесь было едва ли не по колено, снег быстро забился мне в ботинки, джинсы снизу тоже были в снегу.

— Нашёл! Юрка, я тебя нашёл! Так ты, оказывается, уже похоронен. Иди-но сюда.

Я подошёл к знакомой могиле. С серого гранитного камня на меня смотрели бабушка Хана и дед Иосиф.

— Это твой дед? Блин, как ты на него похож! Одно лицо. Натурально.

А я, присев на корточки, стал сгребать рукой снег с плиты; сгребал аккуратно и тщательно так, чтобы на плите не осталось ни одного комочка грязи или снега. Мои ладони стали красными от холода, ладоням стало горячо до боли.

Очистив плиту, я положил на неё «веером» принесённые розы. Погладил керамическую линзу с фотографией бабушки.

«Бабуля, вот, пришёл к тебе. Повидаться. Уже сорок пять лет без тебя. А всё равно с тобой. Мама умерла в Нью-Йорке, у неё там похожий памятник, как и у тебя. Она всегда хотела умереть здесь и лежать возле тебя. Не получилось…»

Я гладил холодную гладкую линзу, внимательно всматриваясь в фотографию. Бабушка на этой фотографии мне всегда казалась старенькой, с выражением неизбывной заботы на лице, так как всю жизнь, до последнего дня, заботилась о всей семье — о родителях и обо мне с братом. Но сейчас я вдруг увидел её на этой же фотографии совсем иной — не невзрачной старушенцией, согнувшейся под бременем повседневных забот, а женщиной, ещё полной сил, с очень красивыми благородными чертами лица, женщину, полную достоинства и высокого ума.

И тут до меня впервые дошло, что именно такой бабушка и была, а все её редкие качества — мудрость, чувство собственного достоинства, красота — были скрыты, задвинуты на задний план тяжелейшим бытом и испытаниями, выпавшими на её долю.

— Твой дед тоже здесь похоронен? — спросил Тарас.

— Нет, дед погиб на фронте. Мы просто приклеили на этой плите и его фотографию. Когда началась война, он пошёл ополченцем на фронт. И вскоре попал в окружение под Киевом. Как я теперь понимаю, та война с немцами была чем-то похожа на нынешнюю, а именно тем, как воюют русские. Когда-то их командование согнало тысячи необученных мужчин и без подготовки, без оружия бросило на передовую против Вермахта. «Винтовку добудешь в бою». Кому там, в Кремле, было дело, что ещё полмиллиона человек почём зря брошено в топку войны? Они так всегда воевали — заваливали трупами врага. Мой дед попал в эту категорию пушечного мяса.

— Немцы тогда, в сорок первом, многих украинцев, попавших в котёл под Киевом, оставили в живых.

— А евреев расстреляли.

Я погладил керамическую линзу с фотографией деда. Обе фотографии — деда и бабушки — на удивление хорошо сохранились за долгие годы, не потускнели от дождей, солнца и снега.

— Мой сын похож на моего деда даже больше, чем я.

Я вспомнил, как перед самым отъездом из Нью-Йорка в Киев дома неожиданно увидел своего сына Давида по-новому, что-то до боли знакомое мне тогда вдруг открылось в его лице, но тогда я не мог понять, что именно. Теперь понятно: мой сын — копия моего деда. Кто знает, может, он и внутренне, натурой и характером пошёл в своего прадеда? Вполне вероятно.

— Смотри, — я достал мобильник и показал Тарасу фото своего Давида.

— Да, действительно, одно лицо. Твой дед, ты и сын — как близнецы. Трио.

Я поправил розы на плите и, смахнув с ребра камня полоску снега, подул на окоченевшие руки.

— Я где-то читал, кажется в Фейбуке, что русские во время очередного ракетного обстрела попали в какой-то участок этого кладбища и разрушили там могилы. Это правда? — спросил я.

— Что-то слышал про это, но точно не знаю. Надо было у того мужика спросить, он здесь все новости знает, — мрачно пошутил Тарас.

Я погладил напоследок фотографии деда и бабушки. Затем, достав мобильник, сделал фотографию на память. Я не хотел отсюда уходить. Когда в следующий раз я побываю здесь?

Впрочем, я чувствовал, что никогда не расставался с ними, будто бы последний раз был здесь, у этой могилы, не четверть века назад, а вчера.

Мы пошли обратно к выходу.

— Я тебе говорил, что недавно стал составлять своё родовое дерево? Добрался уже до пятого поколения своих предков. Оказывается, у меня в роду были и поляки, и татары, и цыгане, и, по-моему, евреи тоже. Правда, насчёт евреев не уверен, но имена у них библейские: Рахиля Ароновна, Иаков Израилевич, — сказал Тарас.

— Интересно.

— От, блин! Ты слышал?! Слышал?! — Тарас вдруг остановился и напряжённо прислушался к чему-то.

— Нет, а что?

— Ты что, глухой, не слышал сейчас хлопок? Это же взрыв!

Я пожал плечами — слышал какой-то слабый хлопок вдали, но не обратил на него внимания.

Тарас тем временем достал телефон и позвонил жене.

— Кыця, ты в порядке? Да, слышал, прилетело. Возле Лукьяновского рынка? В жилой дом? Суки. Успокойся! Я тебе говорю, успокойся!

Я слышал, как в телефоне звучит Наташин голос, как она кричит, по-моему, у неё истерика.

— Сидишь в передней? Я понял. Не психуй. Слышишь? Не психуй. Мы с Юрком в порядке. Уже идём к выходу, скоро приедем.

Он ещё некоторое время успокаивал жену.

— Сейчас она перепсихует, пересидит тревогу в передней. А потом пойдёт в кухню, откроет холодильник и начнёт есть. Она так успокаивается. Блин. Твари.

А на кладбище было тихо, безлюдно и очень живописно. Всё так же сыпал густой снег, создавая эффект белого мягкого покрова, на небольших свободных пространствах на земле сидели вороны. Мы приближались к выходу.

— Надо же, какие большие и красивые в Киеве вороны. В Нью-Йорке вороны маленькие, неприметные. А в Киеве, смотри, большие, с отливом, настоящие павы. Не могу на них наглядеться, — признался я.

Прищурившись, Тарас внимательно посмотрел на ворон, но ничего особенного в них не заметил.

На самом же деле вороны были очень красивыми, картинными. Когда они стаей, сорвавшись с заснеженной земли, полетели куда-то над могилами — православными крестами, мусульманскими полумесяцами и еврейскими кубками скорби, я замер, не в силах отвести от них взгляд, будто бы вместе с этими древними птицами проникал сквозь толщу времени в историю города.

Лишённый крыльев

Мы стояли с Тарасом неподалёку от автобусной остановки, когда наконец, мигнув фарами, подъехал джип и остановился возле нас.

— Привет, путешественник! Почему ты не сообщил заранее, что приезжаешь? Мы бы тебе организовали встречу по-человечески. А ты — как Ленин в немецком вагоне, инкогнито, — вышедший из машины Антон раскрыл мне свои объятия.

— А где Влад? В машине? — спросил я, выпуская Антона из объятий.

— Да, вон сидит, спереди.

Подойдя, я открыл переднюю дверцу:

— Привет, казак.

— Привет, — ответил сидевший на переднем сиденье Влад, слабо улыбнувшись. Его правая ладонь лежала на его груди.

Я сразу обратил внимание на неестественно бледное, с каким-то сероватым оттенком худое лицо Влада.

— Живой?

— Да живой, живой, — ответил он.

— Ладно, поехали. Дома поговорим, — сказал Тарас.

Мы все сели в машину — я с Тарасом сзади, Антон за руль.

И джип покатил на Теремки.

С любопытством я смотрел в окно, по-прежнему поражаясь значительным изменениям в архитектуре города, старался узнавать районы, где когда-то стояли старенькие домишки, а теперь на их месте красовались новые дома модерновой конструкции. Тем не менее некоторые районы оставались почти в том же первозданном виде, какими были и четверть века назад, перед моим отъездом. Вообще, несмотря на все перемены, город хранил свою старинную прелесть, как её хранит мебель, и камины, и гобелены в средневековых замках.

Пока мы ехали, друзья разговаривали. Я тоже порой подключался к их беседе. В центре внимания сейчас был Влад — один из нашего тесного круга университетских друзей.

Признаться, с Владом у меня никогда не было таких тёплых отношений, как с Тарасом или Андреем. У нас с Владом были слишком разные темпераменты и эстетические вкусы. Мы всегда чувствовали скрытую конкуренцию между собой и какую-то взаимную завистъ. Не знаю точно, в чём он завидовал мне. Я же завидовал его эрудиции, а ещё его безразличию к чужому мнению. Влад говорил то, что думает, нравилось это кому-то или нет. Смею предположить, что для него своё личное мнение действительно было дороже аплодисментов миллионов. При этом он вовсе не принадлежал к категории героев, готовых идти на баррикады и вести за собой массы. Он был человек-одиночка, малообщительный, себе на уме. И не боец. Вероятно, он хорошо знал это о себе, поэтому и вёл себя соответственно: никогда не лез на рожон, никому ничего не доказывал с пеной у рта, быстро отходил в сторону, избегая конфликтов.

После окончания университета Влад работал в различных издательствах, выпускавших книги по истории, много пил, развёлся с женой. В общем, в биографии ничего примечательного.

Ещё меня в нём раздражала его вечная ирония, постоянный скепсис, граничивший с цинизмом. На мой взгляд, Влад умел «обгадить» любое высокое чувство, любую возвышенную идею. О таких людях говорят: «он лишён крыльев, не способен летать».

Так вот, когда началась война и русские танки прорывались к Киеву, Влад пошёл в военкомат, чтобы записаться в тероборону. Но в военкоматы Киева тогда стояли километровые очереди желающих получить оружие и стать на защиту города. Многим тогда отказывали потому, что для всех желающих не было оружия и некуда было их отправлять, — отряды тероборона были в основном сформированы в первые дни.

Влад — худой как щепка, сутуловатый, со слабо развитой мускулатурой и впалой грудью. Ему уже 58 лет.

В Нью-Йорке, случайно узнав, что Влад пытался вступить в ряды ТРО, я был сильно озадачен. Влад? Это тот Влад, который никогда не уважал украинцев и даже не сильно это скрывал? Это тот Влад, «лишённый крыльев»? Влад, который, несмотря ни на что, открыто воздавал должное способности русских адаптировать западную культуру, чего Влад напрочь не видел в украинцах, считая их «шароварным сельским народом»? Это тот Влад, который в Фейсбуке всегда находил возможность запостить какую-нибудь картинку или видео, где украинцы выглядели какими-то недоумками, придурковатыми «хлопцами из гоголевской Диканьки»? И вдруг этот Влад идёт в военкомат, просит дать ему автомат и приписать к какому-нибудь отряду городской теробороны!

Но ему тогда отказали, пообещав «о нём не забыть». Через несколько месяцев, когда русские войска уже оставили и Киевщину, и Черниговщину, и Сумщину и убрались «освобождать» Донбасс, Влад получил повестку из военкомата. О нём действительно не забыли. Он пошёл в военкомат уже по повестке, готовясь к скорой мобилизации и отправке на фронт.

Но случилось непредвиденное. В военкомате во время медкомиссии врач обратил внимание на то, что у Влада что-то с сердцем. Причём возникло подозрение, что дело серьёзно до такой степени, что даже вызвали «скорую». Влада прямо из военкомата отвезли по «скорой» в кардиологический диспансер, там сделали тесты и обнаружили, что пару месяцев назад он на ногах перенёс инфаркт, а сейчас такая ситуация, что вот-вот может случиться ещё один сердечный удар, который, не исключено, будет последним. Потребовалась срочная операция; три бэйпаса, разрезанная грудь, вшитый катетер в шею… в общем, спасли.

И вот сегодня, неделю спустя после операции, Влад благополучно выписался из больницы. Вернее, не совсем благополучно: медики настоятельно рекомендовали ему полежать на реабилитации ещё хотя бы недельки две. Но денег на такое «лежание» у Влада нет, особенно теперь, во время войны, когда работы нет, халтуры нет, а цены на медицину подорожали едва ли не втрое. Поэтому Влад решил выписаться из больницы раньше срока и «проходить реабилитацию» уже дома.

— Ты теперь на фронт не попадёшь, ты теперь инвалид, *мий друже*. Можешь прийти в военкомат и подарить им цветы за то, что они тебя вызвали на медкомиссию. Тебе повезло. Иначе ты бы помер, не доехав до фронта, — сказал Тарас со знанием дела, как человек, перенёсший обширный инфаркт и две операции на сердце.

— Возьми справку из больницы, что тебе сделали операцию, и отнеси её в военкомат, чтобы не было проблем.

А то ещё прицепятся, мол, уклоняешься от мобилизации, потом будешь иметь головную боль. Ты же знаешь, какие там, в военкоматах, встречаются козлы, — посоветовал Антон.

Влад молча кивнул.

— Как же ты, *друже*, теперь собираешься справляться один? Тебе же нужна будет помощь, особенно в первые пару недель, — спросил Тарас.

— Дочка приедет. Обещала побыть у меня неделю. Не знаю, выдержит ли она неделю со мной. И выдержу ли я её целую неделю.

— Она что, вернулась из Бельгии?

— Да, на прошлой неделе. Она сначала жила там у моего знакомого, в Брюсселе, потом её переселили в деревню, в какой-то лагерь для украинских беженцев. Она там потыкалась, помыкалась, не пошло, обломалась и приехала обратно. Как раз кстати, к моей выписке.

Я слушал их беседу и вдруг поймал себя на мысли, что мне сейчас стыдно. Стыдно, что когда-то думал о Владе так плохо, считал его гнилым человеком, спрятавшимся в скорлупу-броню своей непробиваемой иронии.

— Давай мы тебе сейчас купим еды на неделю, чтобы тебе самому не ходить и не таскать всё на своём горбу, — предложил Антон.

Как раз в этот момент мы подъехали к дому, где в одной из панельных двадцатидвухэтажных коробок жил Влад. Он начал было отказываться, уверяя, что у него дома полно жратвы, но Антон заявил, что не желает слышать никаких возражений и сейчас скупит для друга полмагазина.

Благородное намерение Антона, однако, оказалось невыполнимым. В районе отключили свет, все магазины перед домом Влада были закрыты.

— От сука, света нет, всё закрыто. Может, давай съездим куда-нибудь в другое место, поищем, где есть свет и магазины работают?

— Нет, нафиг. Света может не быть по всему городу, а у меня полно жрачки дома. Паркуй машину и пошли, — попросил Влад.

Нам стало ясно, что он устал и хочет поскорее попасть к себе в квартиру. Мы вышли из машины и подошли к подъезду.

— Блин, как же ты пойдёшь на десятый этаж сейчас, если лифт не работает? — спросил Антон.

— Потихоньку. Как-нибудь.

— Давай мы тебя понесём? Тебе же нельзя сейчас напрягаться. Сердце может не выдержать — и хана. Отбросишь копыта. И не доживёшь до победы, — предупредил Тарас.

— Не переживай, доживу, — твёрдо ответил Влад, открывая дверь подъезда.

Очутившись рядом, я невольно обхватил корпус Влада опытной рукой парамедика.

— Идём. Я помогу.

Влад сделал движение, желая освободиться из моих рук, но, видимо, почувствовав, что он — «в руках профессионала», что ему так удобно и спокойно, согласился.

Так, придерживая его, не спеша, с передышками, мы поднялись на десятый этаж. Когда преодолевали последний лестничный пролёт, я чувствовал, что Влад уже до того ослабел, что я его почти нёс.

В подъезде, естественно, было темно, и мы светили фонариками мобильников.

Затем мы вошли в его тёмную квартиру. Передохнув пару минут, Влад подключил к стоявшему на столе аккумулятору провод, и загорелась гирлянда лампочек.

Мы помогли ему переодеться в домашнее. От него исходил сильный запах медикаментов и пота. Когда он снял свитер, нашим глазам открылся белый широкий пластырь, наложенный крестом на худую грудь Влада.

— Да-а… Порезали казака, — промолвил Тарас погрустневшим голосом. Видимо, он сейчас припомнил и себя после операции.

— Не спеши хоронить, — ответил Влад, осторожно надевая футболку. — Хотите кофе? У меня есть бутылка коньяка. Правда, я сейчас с вами бухать не буду, но кофе выпью. Целую неделю жил без кофе, чуть с ума не сошёл.

— У тебя плита газовая или электрическая? — спросил Антон.

— Газовая, всё нормально.

Мы достали из бара бутылку коньяка, заварили кофе. Пили, болтали.

— О, бля! Свет! — воскликнули мы все вчетвером, когда во всех комнатах, и в кухне, и в коридоре вспыхнул свет. — Наконец-то.

Антон с Тарасом остались в комнате, включив музыку. А мы с Владом отправились в кухню заваривать по второй чашке кофе. И оба почувствовали, что впервые за все годы нашего знакомства-полудружбы можем поговорить напрямую, по душам.

— Узнав, что ты пытался записаться в тероборону, я, честно сказать, удивился, — признался я. — А теперь оказывается, ты ещё и едва на фронт не попал.

— А что тебя удивляет?

— Ну-у… В моём представлении люди, которые добровольно идут воевать, имеют героический склад натуры или, по крайней мере, любят общественное внимание. Они пишут об этом в Фейсбуке, ставят видео. Имеют на это право, всё-таки идут на фронт, а не на пляж.

— Наверное, ты прав. Знаешь, что в этой истории для меня было самым мерзким? То, что мои знакомые, которые изображают из себя патриотов и горланят на каждом перекрёстке и в каждом посте Фейсбука о своём патриотизме и «смэрть ворогам», когда узнали, что я по повестке пошёл на медкомиссию в военкомат и был готов ехать на фронт, стали крутить пальцем у виска. Мол, ты что, идиот? Ты что, не можешь отвертеться от военкомата? Пусть идут воевать молодые селюки, а тебе-то какого хрена? Вот это — настоящие жлобы. Никогда таких не переваривал. Сейчас таких расплодилось полно, вокруг одни «патриоты».

Я хотел спросить у Влада, зачем же и за что он всё-таки готов был идти воевать? Но не знал, как формулировать этот, казалось бы, простой вопрос.

Простой вопрос предполагает простой ответ. А на кону — жизнь. Ни много ни мало.

— И всё-таки зачем ты… это… ну, на войну хотел идти? — наконец я выдавил из себя.

И тут же понял, что этот мой вопрос настолько глупо и нелепо сейчас прозвучал, что мне стало неловко.

Влад будто бы понял моё смущение и ничего не ответил, пожав худыми плечами.

Яркий свет лампочки освещал его осунувшееся бледное лицо; седые прямые волосы спадали, прикрывая его лоб и уши. Он сильно сутулился, вероятно, от боли. Короче, имел вид человека, который недавно либо чудом вернулся с того света, либо туда направляется.

Я вспомнил, что у меня с собой двести долларов, которые я, по поручению жены, должен был передать сегодня вечером её подруге.

— На, бери, они тебе пригодятся, — я достал из кармана джинсов деньги и сунул их в руку Влада.

— Не надо, перестань. Мне Антон дал денег и на операцию, и обещает взять на своё полное содержание на пару месяцев, пока очухаюсь.

— Нет, возьми. Пожалуйста, возьми.

— Окей. *Дякую*, — Влад взял деньги. Затем, улыбнувшись, посмотрел мне в глаза. — Я не знаю, как долго проживу, — сказал он тихо. — Мне кажется, что недолго. Но я хочу дожить до смерти Путина, хочу увидеть эту тварь в гробу, а лучше повешенным, — он прикрыл глаза, потёр ладонью свой лоб и вдруг покачнулся. — Помоги мне.

Я помог ему добраться до кресла.

Мы стали собираться. Антон предложил Владу остаться у него на ночь, «для подстраховки», пока не придёт его дочка, но Влад отказался, — он устал и, судя по всему, хотел побыть один.

* * *

— Ты, кажется, жил где-то в этих краях, да? — спросил Антон, когда, покинув Влада, мы все вместе ехали обратно.

— Да, правда. Здесь неподалёку.

— Хочешь, заедем ненадолго?

— Конечно хочу.

Мы развернулись на кольце, выехали на эстакаду, а потом помчались по бульвару под гору нижнего Печерска.

— Если не ошибаюсь, этот дом? Или следующий? — уточнил Антон.

— Следующий.

Вот она — знакомая дорога, по которой мы с братом Сенькой долгие годы спускались в школу и возвращались домой. Эта дорога прошла и сквозь все мои университетские годы, и потом и первые годы после получения диплома, когда я работал преподавателем истории в школе.

По этой дороге когда-то я привёл в дом свою будущую жену, чтобы представить её родителям. По ней мы уезжали в Америку.

— Если можно, сверни и остановись здесь, в переулке. Я быстро — туда и обратно.

По моей просьбе Антон остановил машину в узком переулке, ведущему к пятиэтажной «хрущёвке». Я вышел из машины и, обогнув дом с тыльной стороны, остановился возле невысокого забора, ограждавшего небольшой сад.

Сад! Сад! Яблони темнели за его оградой, раскинув свои крепкие извилистые ветви. Деревья были такой же высоты, как и двадцать пять лет назад, когда я уезжал. Наверняка это были уже новые деревья. А может, и нет! Может, это те же яблони, которые каждой весной цвели бело-розовым цветом; над цветками кружили пчёлы и бабочки, в кронах прятались птицы. С ранней весны и до глубокой осени я спал на раскладушке вон на том балконе этого дома, на втором этаже. Летом и ранней осенью, помню, листья деревьев так сильно шелестели по ночам, что мне казалось, будто бы нахожусь в каком-то таинственном саду, стоит лишь протянуть руку — и можно сорвать яблоко.

В квартире, которая когда-то была нашей, свет сейчас не горел, и балкон был по-новому застеклён.

Вдохнув полной грудью морозный воздух, я направился обратно к машине, где ждали друзья.

Но перед этим я сделал ещё небольшой «крюк» и подошёл к невысокому холмику неподалёку от дома.

Когда-то здесь, на этом месте, стояла деревянная скамейка. Рядом росла берёза. Мама часто выходила сюда, она любила здесь посидеть, в тени берёзы. В последние годы перед отъездом в Штаты у мамы часто и сильно воспалялись суставы ног из-за хронического остеохондроза, ей было трудно ходить, но до этой скамейки от дома расстояние было небольшим, можно было преодолеть. Здесь мама сидела с соседкой бабой Катей, о чём-то с ней разговаривала, наверняка обо мне с Сенькой, о том, как бы мы поскорее женились, чтобы ей было спокойно.

Мамочка, мамочка…

Смахнув слезинку, чтобы никто не видел, я развернулся и вскоре сидел с друзьям в машине.

— Кстати, Юрась, хотел тебя спросить, как поживает твой брат Сенька? Если не ошибаюсь, он в Германии, да? — спросил Антон.

— Нормально поживает. Работает. Жена, взрослая дочь, любовница. Короче, полный комплект.

По правде, мне было досадно оттого, что у нас так сложилось с братом. Он мне несколько раз писал и звонил, искал «перемирие», называя нашу ссору «недоразумением». Но я ему не отвечал. Мама этого бы не одобрила, мама всегда искала мира в семье, для неё мир и согласие в нашей семье были высшей целью её жизни. Мама, прости, я не прав, что разорвал контакты с Сенькой, и не уверен, помиримся ли мы с ним когда-нибудь.

Я решал, стоит ли рассказать сейчас друзьям о том, что я разругался с братом из-за войны. Нет, наверное, не стоит. Каждый человек, родившийся в Украине, независимо от национальности и нынешнего места своего пребывания, независимо от своих политических взглядов, своего возраста и своего характера — каждый, кто из Украины, — сегодня что-то теряет. Так или иначе. И в фигуральном смысле, и — увы — в буквальном. По сравнению с другими, разрыв отношений с родным братом — моя утрата — не самая большая. Можно сказать, чепуховая…

— Я не знаю, как долго эта война продлится, — говорил Антон. — Но уже ежу понятно, что это не на один день и, видимо, не на один год.

Антон тоже был одним из нашего круга «историков», однако после окончания университета по специальности почти не работал. Он выгодно женился, его жена раскрутила фирму по продаже недвижимости, быстро вывела её на широкую бизнес-орбиту, и Антон стал ей помогать. Они с женой теперь принадлежали к разряду бизнесменов-*«крутэлыкив»*, то есть жили на широкую ногу, имели роскошную загородную виллу, с озером и бассейном, колесили по миру, часто меняли дорогие машины.

— Да я не против жить в Киеве. Но как долго такое может продолжаться? Русские разрушают нашу инфраструктуру, теплостанции. Они уничтожили уже почти половину энергосистемы Украины. И продолжают ракетные обстрелы. Да, мы что-то сбиваем, но даже те немногие ракеты и дроны, которые долетают до цели, наносят нам колоссальный ущерб. А ведь наши ресурсы не бесконечны. Если такими темпами будет продолжаться, что останется от нашей энергетики через месяц, через полгода, через год? Мы же превратимся в пещерных людей, будем жить как дикари. Наверное, Путин этого и добивается. Поэтому я убеждаю Валю купить дом где-нибудь в Португалии или в Испании, но лучше всё-таки в Португалии, там недвижимость дешевле, и у нас там есть контакты. Будем жить там, а когда война закончится и всё восстановится, вернёмся в Киев, дом у нас здесь, слава богу, есть.

Антон любил комфорт. Мы все это знали. Он не был трусом. Не был подлецом. Он был милейшим и добрейшим человеком. Его кошелёк всегда был открыт для друзей, а кошелёк тот был не худеньким.

Но Антон очень любил бытовые удобства. Война привнесла большой дискомфорт в его жизнь. И этот дискомфорт Антон не мог устранить, несмотря на все усилия и затраченные баснословные деньги. Поэтому он хочет уехать в Португалию, тем более ему уже 60 лет, уже не военнообязанный, имеет полное право.

Антон предлагал поехать сейчас к нему, на виллу за городом, где можно будет поиграть в бильярд или теннис. Не говоря уже про «хорошо выпить и закусить». Купание в бассейне и сауну из-за ситуации с электричеством он предложить, увы, не мог. Но на завтра у меня были другие планы.

Мы проезжали по городу, одни районы которого были погружены в темноту, и вооружённые солдаты патрулировали мосты. Зато в других районах ярко горел свет, были открыты магазины, бары и супермаркеты, светилась реклама, нёсся поток дорогих машин. Сейчас в салоне машины было так уютно, тепло и спокойно, что, казалось, течёт нормальная обычная жизнь, и никакой войны нет, и никто в эту минуту не погибает.

Обличье зла. Встреча с Кобзарём

Было раннее утро. Мы снова ехали в машине, в этот раз с Андреем и его женой Людой. На лобовое стекло летели мелкие снежинки.

— На Западе эта война воспринимается совсем иначе, вид из прекрасного далёка далеко не отвечает реальности. Как я теперь понимаю, на Западе представление об этой войне очень искажено. Да, в Нью-Йорке я смотрю новости, CNN, BBC, вижу на экране новые разрушения, новые воронки от взрывов, раскуроченную бронетехнику и т. д. Иногда в этих видеосюжетах фоном, на заднем плане, гремит канонада, если журналист передаёт неподалёку от линии фронта. И мне, кто это смотрит изо дня в день, такое начинает приедаться. Иными словами, я хочу сказать, что даже к картине обстрелов и разрушений постепенно привыкаешь, «война по телевизору» в какой-то момент перестаёт работать, перестаёт «цеплять». А зритель постоянно ждёт новых эффектов, вызывающих новые эмоции. Наверное, это является одной из причин, почему на Западе в последнее время стали меньше говорить об Украине и меньше интересоваться этой войной. Это — первое, что я понял. А вот второе — об иммигрантах: с началом этой войны у них произошёл невероятный переворот в мозгах и сердцах. Особенно у людей, уехавших именно из Украины, неважно, какой они национальности: украинцы, евреи или русские. Ведь не секрет, что подавляющее большинство тех, кто уезжал лет двадцать-тридцать назад, особенно евреи, к Украине не питали тёплых чувств. Украина для них была нелюбимой мачехой. Я знаком с одним парамедиком, мы вместе с ним работаем в Нью-Йорке. Его зовут Лёва — обычный, ничем не примечательный еврей, уехавший из Киева почти тридцать лет назад, будучи ещё совсем молоденьким. По его словам, он тогда до того презирал Украину, что в аэропорту, перед тем как сесть в самолёт, повернулся и плюнул в сторону Киева. Все тридцать лет в Америке он не интересовался Украиной вообще, ему было до лампочки всё, что здесь происходит. В Нью-Йорке он женился, получил специальность, родил и вырастил троих детей. И вот, когда началась эта война, он испытал странное перерождение, с ним случилось нечто такое, чего он сам от себя не ожидал. Вероломное вторжение и варварство русских, сопротивление украинцев, вялая поддержка Запада — всё вместе потрясли его до таких глубин, что он — не поверите — недавно взял в компании отпуск за свой счёт и на три месяца уехал на Донбасс. Да, сейчас он в Краматорске, руководит там отделением военных медиков, которое принимает раненых, доставленных с поля боя, и распределяет их по разным госпиталям, в зависимости от тяжести ранения. Иногда я с ним связываюсь. Он говорит, что там сейчас война такая, что трудно себе представить. Но он счастлив, если это правильное слово в данном контексте, что совершил этот поступок. Он уверен, что любой человек, кому небезразлична справедливость, именно так и должен поступить. Это невыдуманная история. Недавно в Фейсбуке я прочитал интересную мысль, высказанную талантливой поэтессой из иммигрантов, что существует так называемый dormant patriotism — спящий патриотизм. То есть человек живёт, даже не догадываясь, что для него Родина и на что он ради этой Родины готов. И вдруг война пробуждает в душе человека спящие до сих пор чувства и ценности, о существовании которых он и не подозревал. Спящий патриотизм — dormant patriotism — именно так. Нечто подобное сегодня можно наблюдать в украино-еврейско-русской иммиграции на Западе. Мы все в Америке, в разное время покинувшие Украину, сегодня словно проснулись, разбуженные этой войной. Мы вдруг поняли: что бы мы ни говорили, но часть нашей души оставлена и живёт здесь, на этой украинской земле. Именно поэтому в Нью-Йорке, особенно там, где проживают наши иммигранты, сегодня неожиданно появилось множество украинских флагов на домах и в окнах, многие иммигранты, включая мою жену, вдруг заговорили по-украински. Мне кажется, что в этом благородном движении души проявляется даже какой-то скрытый комплекс вины. Ну и последнее, дайте мне закончить, не перебивайте, потом я надолго замолчу и буду только смотреть и слушать вас, окей? Я здесь уже четвёртый день и совершенно не чувствую, что идёт война. Говорю правду. Да, я видел несколько разрушенных домов — но у меня такое впечатление, что их запланировано разрушили бульдозером, потому что на их месте будут строить что-то новое. Да, пару раз я слышал какие-то слабые хлопки, мне потом сказали, что это взрывы, но я не видел ни зарева, ни обломков ракет. К счастью, на улицах города я не вижу многих покалеченных мужчин с ампутированными конечностями, чего ожидал. Да, в домах выключают свет и слабо топят. Но мне почему-то кажется, что это выбило пробки в электрощитках, а плохо топят по вине ЖЭКа. Иными словами, моя западная картинка войны «по телевизору» здесь уже не работает, но я всё равно не могу поверить, что в стране идёт война. Даже не понимаю теперь, как историки могут рассуждать и писать о войнах, на которых не были и про которые вообще не имеют никакого представления. Вот так. Прошу прощения за свой долгий спич, но я долго молчал, захотелось высказаться.

— Н-да, интересно, — протянул Андрей после недолгой паузы, пытаясь осмыслить услышанное. Понятно, ему было не так просто вникнуть в нюансы того, как эту войну воспринимают иммигранты на Западе. Андрей слегка нахмурился, не сводя глаз с дороги, сквозь лобовое стекло машины. И повторил: — Интересно.

— Андрюша, может, давай сначала заедем в Бучу, к нам на дачу, а потом в Гостомель и Бородянку? — предложила Люда, его жена, сидевшая на заднем сиденье.

— Нет, сначала поедем в Гостомель, потом в Бородянку, а потом на дачу, если успеем. Мы ещё должны подобрать Богдана, он нас ждёт, — ответил Андрей, нажимая педаль газа, и машина рванула вперёд.

* * *

Мы проезжали небольшие посёлки за Киевом, минуя блокпосты. На блокпостах стояли солдаты с автоматами; бетонные блоки там были расположены, как шашки на шахматной доске, чтобы, по словам Андрея, не дать возможности подозрительным машинам здесь набрать скорость и чтобы, в случае чего, их можно было легко остановить.

Здесь, за Киевом, начинались густые леса, перерезанные речушками. Благодатные места, места домов отдыха и лечебных курортов, спортивных и школьных лагерей. Когда-то мы с братом Сенькой каждый год в одном из лагерей проводили здесь месяц школьных каникул.

Сейчас по обе стороны дороги леса и рощи были изрезаны свежими траншеями, в некоторых местах стояли блиндажи под маскировкой. Траншеи, разумеется, сейчас были пусты, а вот в некоторых блиндажах кто-то находился, там из труб выплывал дым, значит, кто-то там жёг дрова в печках, чтобы согреться.

— Здесь была вторая линия обороны Киева, — сказал Богдан, старший сын Андрея, который присоединился к нам, став в этой поездке нашим гидом.

Богдан работал фотографом в одном европейском агентстве новостей. Он мотался по всей Украине, видел эту войну «своими глазами», во многих обличьях, хорошо знал хронику наступления и поражения русских под Киевом.

— Но сюда, до второй линии обороны, русские не дошли. Они остановились в Буче, Ирпене и Гостомеле. Дальше они идти не могли, у них не было ни горючего, ни боеприпасов, ни еды.

Мы проезжали населённые пункты, и теперь всё чаще я видел разрушенные дома.

— А вот здесь уже шли бои, сюда уже доставала русская арта. Вот этот мост наши разрушили сами, взорвали его, чтобы предотвратить продвижение на Киев русской бронетехники.

Мы остановились неподалёку от моста, переброшенного через речку Ирпень. Оба края моста с двух берегов были целы, бетонные перекрытия там сохранились, но посередине зияла дыра. Сейчас там, в карьере, работали подъёмные краны и бульдозеры, восстанавливая мост. Река Ирпень в этом месте была «пущена» по большим трубам в специально вырытых траншеях.

— Сколько же потребуется времени, чтобы восстановить этот мост? — спросил я.

— Не день и не два. Но уже многое сделано, часть уже отстроена. Кстати, здесь, под накрытием этого моста, прятались местные жители от бомбёжек. Вы наверняка видели фотографию, где под разрушенным мостом стоят сотни людей и перепугано смотрят вверх?

— Да, конечно, видел.

Действительно, весной эта фотография некоторое время не сходила с новостных лент мировых агентств. Но мне тогда было не совсем понятно, как, почему и зачем под этим полуразрушенным мостом очутились сотни людей. Теперь всё стало понятно: отступающие украинские войска взорвали этот мост посредине, чтобы не дать возможности вражеской бронетехнике пересечь реку Ирпень. Но бомбардировки и ракетные обстрелы продолжались, поэтому местные жители, спасаясь от обстрелов, прятались под уцелевшим бетонным перекрытием. То есть всё имеет свою логику, на войне тоже есть своя логика спасения и выживания, не всегда понятная стороннему наблюдателю или зрителю по фотографиям.

— Все мосты через Ирпень были взорваны, что остановило продвижение русских и дало возможность нашим подготовиться к обороне. Время тогда шло на дни, иногда даже на часы, — сказал Богдан.

Я обратил внимание, что для него, молодого 27-летнего мужчины, в вопросе этой войны всё было предельно ясно и чётко разделено: были «наши» и были «русские». Свои и чужие. Друзья и враги. Мы и они. Вопрос только: кто кого?

— Но одно село на правом берегу Ирпеня им всё-таки удалось захватить. Они сумели перебраться через реку и вошли в село Мощун. Здесь было жарко. Сейчас вы увидите, что от этого села осталось.

По разбитой дороге мы въехали в село. Андрей сбросил скорость, чтобы машину не так сильно подбрасывало на ухабах и глубоких ямах. Здесь не было ни единой уцелевшей хаты. Одни были повреждены наполовину, у других были сорваны крыши и верхняя часть, многие же просто разрушены до основания. То там то здесь темнели обгоревшие каменные скелеты, без крыш, без окон и дверей. Я пытался найти хоть один целый дом, но безрезультатно. Повсюду вместо заборов на столбы вдоль дороги были навешены большие куски покорёженной жести, тоже изрешечённые пулями и разорванные осколками снарядов. Неизвестно, где люди подбирали эти куски жести, чтобы использовать их для заборов.

Но меня поразило, когда в некоторых местах, на развалинах, то тут то там я увидел мужчин с электропилами, услышал глухой стук молотков и кувалд и чьи-то окрики — кто-то там, за заборами, к кому-то обращался. То есть, сюда уже вернулись некоторые жители и начали восстанавливать свои дома и хозяйства. Здесь, на месте полного, тотального разрушения?!

— Не представляю себе, неужели это когда-нибудь удастся восстановить?

— Всё поправимо, всё это можно восстановить. Восстановим, — уверенно сказала Люда с заднего сиденья.

— А что случилось с местными жителями? Где они сейчас?

— Понятно где. Уехали, кто куда смог: кто в Киев или в другие области, если было к кому и имелись деньги, а некоторые за границу как беженцы, — ответил Богдан. — Я помню, когда наши это село отбили, и я приехал сюда фотографировать, здесь ещё валялись трупы русских. Труп одного русского солдата, вон там, возле поворота, грызла какая-то ошалевшая грязная свинья. Зрелище было ещё то. Поехали дальше? Теперь в Гостомель?

Мы развернулись, осторожно выехали из села, и машина помчалась по трассе.

На обочине дороги, возле леса, стояло три разбитых бронемашины и танк.

— Останови. Хочу посмотреть, — попросил я Андрея, сидевшего за рулём.

Андрей остановил авто, и мы все вышли.

— Это уже остатки того, что ещё не успели убрать. В первые месяцы войны на этих дорогах было полно взорванной русской бронетехники — и танки, и БТРы, и чего тут только не валялось, — сказал Богдан.

Мы подошли к бронетранспортёру, задние дверцы которого были сорваны, внутри всё было выжжено. Другой бронетранспортёр лежал перевёрнутым, с разорванными ржавыми гусеницами. Большой танк рядом был перекошён набок, его башня с белой намалёванной литерой «Z» была частично вырвана из корпуса, длинный ствол своим концом едва ли не упирался в снег.

Я положил свою ладонь на холодный металлический ствол танка. Неожиданно ощутил странный прилив ненависти, такой ненависти, которую ранее не испытывал ни к кому и ни к чему. Но в то же время меня переполняло чувство невероятного удовлетворения оттого, что этот танк с литерой «Z» на броне всё-таки был взорван.

— Вы что?! Назад! Назад! — вдруг закричал Богдан, когда, пнув танк ногой, я решил тихонько «пойти до ветру», удалившись в лесок поблизости. — Вы что, не понимаете? Там же могут быть мины! Здесь же повсюду валяются мины!

— Вав! — у меня на миг похолодело в животе. Я действительно не подумал об этом. А могло сейчас — вот так просто — оторвать мне ноги или вовсе разорвать на куски. И вся моя поездка на этом бесславно бы закончилась.

Вскоре, все целы-невредимы, мы снова ехали по трассе. Богдан рассказывал о своей работе военного фотографа.

— *Ви часом не голодний? Хочете чогось смачненького?* — неожиданно обратился он ко мне на украинском.

— *Так, хочу.*

— *Тато, зупини тут.*

Мы остановились возле одноэтажного дома под вывеской *«Хатинка пекаря»* на въезде в посёлок. Внутри пекарни стоял густой аромат хлеба, здесь можно было выпить горячий кофе или чай и купить свежевыпеченный хлеб многих сортов. На подносах были разложены горячие пирожки с разной начинкой — картошкой, капустой, курицей. Покупатели расплачивались карточками или наличными, возле кассы стояла большая банка для пожертвований на ВСУ. Молодая красивая женщина и мужчина лет тридцати, вероятно, её муж, обслуживали постоянно входивших покупателей. Принимали заказы и по телефону, и онлайн.

Мы выпили кофе и, набрав два больших кулька пирожков, снова сели в машину.

В Гостомеле мне уже стало жутковато от других разрушенных зданий — не старых хат с сараями, коровников и гаражей, а девятиэтажных домов. Девятиэтажки с разбитыми стенами, полностью обгоревшие.

— Здесь шли страшные бои в первый же день вторжения. Здесь, в Гостомеле, находился военный аэродром. Русские попытались его захватить. В первую же ночь войны они высадили здесь подразделение десантников, им нужно было взять под контроль взлётные полосы, чтобы они смогли посадить здесь свои самолёты с бронетехникой, которая должна была идти прямиком на Киев. Отсюда до Киева рукой подать. Здесь шёл бой, а в это время в Беларуси кружили в небе русские военные грузовые самолёты с бронетехникой на борту, ожидая команды, что Гостомельский аэропорт взят и готов к приёму самолётов.

Но нашим всё-таки удалось их отсюда выбить и взорвать взлётные полосы. И всё, их самолёты с бронетехникой так и сели в Беларуси, никуда не полетев, стремительное наступление на Киев отсюда было сорвано, — рассказывал Богдан подробности того рокового дня. — Вообще-то, этот бой за гостомельский аэропорт и взорванные взлётные полосы можно отнести к разряду чудес. Удивительно, как наши смогли удержать его, покрошили элитную русскую десантуру теми малыми силами, без всякой подготовки, без достаточного оружия. По сути, здесь решилась судьба Киева и, может, всей страны. Хотите сделать фотографию на память? — предложил Богдан, указывая на несколько девятиэтажек неподалёку от того места, где мы остановились.

Мы все вышли из машины и по протоптанной на снегу тропинке неспешно вошли во двор между двух девятиэтажных полностью обгоревших домов. Во дворе нас теперь окружали уже шесть девятиэтажек — тоже обгоревших, полностью выжженных изнутри, без окон. В одном доме в стене сбоку зияло большое идеально круглое отверстие от пробившей стену ракеты, взорвавшейся внутри дома. Возле домов стояли десятки сожжённых легковых автомобилей.

— Хотите сфотографироваться? — снова спросил Богдан.

— Нет, не хочу.

Мне почему-то не хотелось использовать эти обгоревшие чёрные дома-коробки для декораций. Я не мог осознать, в мою голову сейчас не укладывалось, что вот здесь, в военном городке, в этих девятиэтажных домах жили люди, семьи, мужья и жёны, и дети. Здесь они вели хозяйство, ходили на работу, в школы, планировали свои отпуска, поездки. И вдруг всё это почему-то подвергается ракетному обстрелу, бомбардировкам. Где теперь эти люди? Живы ли они? И если живы, то куда они бежали? И куда им возвращаться теперь? Ведь эти дома восстановить невозможно, их можно только снести.

Вернувшись к машине, мы снова подкрепились пирожками, хранившими ещё тепло и аромат, и поехали дальше — в Бородянку.

Снова проезжали свалки сожжённых разбитых легковых автомобилей, целые горы, целые кладбища машин; проезжали здания частично или полностью разрушенных складов, школ, магазинов. Железные заборы всюду были посечены пулемётными очередями.

— Когда в Украину приезжают какие-нибудь западные лидеры — голуби-миротворцы — и говорят нам, что мы должны с русскими поскорее подписать мирный договор, то их везут в эти места, — в Бучу, Гостомель, Бородянку. Показывают всё это, потом ещё ведут туда, где сотни невинных мирных жителей были *закатованы* и зарыты в братских могилах. Западные политики всё это видят, и на какое-то время миролюбивые голуби превращаются в воинственных ястребов, перестают склонять нас к миру с русскими. Какой с ними может быть мир после этого? — сказал Андрей.

Мы въехали в Бородянку.

— Помните знаменитый снимок, где в девятиэтажном доме как бы вырублена середина? Кстати говоря, это мой снимок, — сказал Богдан не без некоторой гордости.

— Конечно, помню.

— Вот этот дом. Но его разрушили не ракетами, а бомбами с самолётов. На крыше этого дома стояли наши военные со стингерами, и тогда русские решили эти дома просто бомбить с воздуха.

Снова мы вышли из машины. Снова стояли возле обожжённых руин, где работал экскаватор и бульдозер. Любопытно, что мимо по дороге как ни в чём ни бывало шли местные жители, куда-то спешили, может, с работы домой, а может, спешили потому, что было холодно. Я обратил внимание на то, что молодые женщины были хорошо, модно одеты, с макияжем, некоторые из них вели с собой детей. Возле продуктовых и хозяйственных магазинов останавливались машины. То есть со стороны казалось, что городок живёт своей обычной спокойной жизнью, но в эту обычную жизнь никак не вписывались обгоревшие руины с несколькими «разрубленными» девятиэтажками от сброшенных с самолётов бомб на центральной улице.

«Что думают эти люди, проходя мимо этих руин каждый день, идя на работу, в магазин, отводя детей в школу или детсад? Что думают о своём будущем и будущем своих детей эти молодые красивые хорошо одетые женщины? Непонятно».

На небольшой площади перед зданием какого-то явно правительственного учреждения, может, мэрии или горсовета, стоял памятник — бюст Тараса Шевченко на постаменте. Я не раз видел этот снимок в новостных лентах мировых агентств: у поэта высоколобая голова в нескольких местах была пробита осколками снарядов. Или, может, разрывными пулями, не знаю. Его облик сейчас имел какой-то грозный, суровый вид, будто бы расстреляли не бронзовый бюст, а живого поэта.

«Як умру, то поховайте...»

«Реве та стогне Дніпр широкий...»

Мы учили Шевченко ещё в школе, едва ли не с первых классов. К окончанию школы несколько дюжин его стихов, дум, элегий, отрывков из его поэм я знал на память, как и многие мои одноклассники. По моему твёрдому убеждению, Шевченко был ксенофобом, таким же, как, скажем, и Достоевский. Кобзарь презирал немцев, ненавидел поляков, москалей и евреев. Антисемитизм и ксенофобию Шевченко трудно оспорить. В оправдание ему можно сказать, что, мол, время было такое, сложное, так «исторически сложилось». Может быть. Но сути дела это не меняет. Антисемитизм Кобзаря всегда вызывал у меня глубокую неприязнь ещё с детства и отрочества, особенно после тех случаев, когда в школе, вызванный к доске, я должен был читать перед всем классом какой-нибудь стих Шевченко, где упоминались *«погані жиди», «іудино плем'я»* и т. д.

Ещё от Шевченко веяло непреодолимой тоской крепостных селян, когда в школе, а потом и в университете нам преподносили его как классового поэта, борца за права бедных, угнетённых крестьян, привязывая его творчество к реалиям того времени.

Тем не менее, несмотря ни на что, я всё-таки отдавал должное мелодичности его стихов, его умению писать «широким мазком» эпические полотна.

Но Шевченко никогда не был моим поэтом. В Нью-Йорке однажды на книжном развале фли-маркета я купил «Кобзарь» за несколько долларов. Купил исключительно потому, что мне понравилось само издание книги — это было раритетное издание к какому-то юбилею Шевченко, с красивым кожаным переплётом жёлтого цвета, где был филигранно тиснён профиль Кобзаря, а также с красивыми иллюстрациями внутри книги. За все годы жизни в Америке лишь один раз я снял эту книгу с книжной полки и перелистал — исключительно с целью посмотреть иллюстрации. По ходу прочитал несколько строф и без всякого интереса продолжать чтение поставил книгу обратно на полку.

Но с началом войны не было ничего удивительного в том, что я снова взял с полки «Кобзарь». Уже не для того, чтобы разглядывать картинки, но чтобы читать. К моему удивлению, Шевченко оказался… крупным художником, поэтом с большой буквы. Гением. Конечно, от этого он не перестал быть ксенофобом и антисемитом. Но теперь мне это не мешало видеть и его непревзойдённое мастерство и художественную мощь.

Сейчас, стоя перед расстрелянным бюстом Шевченко в украинском городке Бородянка, на фоне разрушенных русскими бомбами и ракетами домов, я понял, что Шевченко — ещё и великий пророк, писавший… об этой войне. Да, и об этой войне тоже. *«Як понесе з України в синєє море кров ворожу, от тоді я і лани і гори — все покину і полину до самого Бога, молитися…»* В моей памяти неожиданно воскресла строка из его «Заповіта». Тут, перед расстрелянным бюстом Кобзаря, мне открылось, что сегодня четверть страны — вот таких посёлков и городков, как эти, где мы побывали за день. Такие вот Бородянки, Гостомели, Бучи — не только здесь, под Киевом, а повсюду в Украине — и в Донецке, и в Запорожье, и в Харькове, и в Херсоне… Десятки тысяч убитых и раненых. Разрушенные хаты и многоэтажные дома, сожжённые легковые машины, взорванная бронетехника, заминированные леса. Беженцы, которым уже некуда вернуться.

«А до того я не знаю Бога. Поховайте та вставайте…»

Полушёпотом я дочитал стих до конца. И мне на душу сошла какая-то тяжёлая, смертельная печаль, *ту́га* — хорошее украинское слово, очень верное, — и от всего увиденного за день, и от этих страшных разрушений, и от осознания масштаба этих разрушений.

ЧАСТЬ ТРЕТЬЯ

«Молись за него»

Поедем на лифте или пойдём пешком? — спросил Андрей.

— Не будем рисковать, лучше пешком, — ответила Люда, когда мы вошли в подъезд их дома.

Сейчас свет в доме был, в подъезде даже горели лампочки, и, естественно, работал лифт. Но так как никто не знал, когда именно, в какую секунду свет отключат, то любая поездка в лифте была «на свой страх и риск», ведь можно застрять на полпути и ждать в кабине неизвестно сколько, до следующего включения.

Мы поднимались на восьмой этаж. Нам навстречу по лестнице спускались некоторые соседи, они тоже не пользовались лифтом из тех же соображений.

— Наша соседка сегодня утром убрала и помыла лестничную площадку на этаже. Мы тоже должны поучаствовать в этой инициативе поддержания порядка, поэтому в следующий раз я здесь помою пол, — сказала Люда мужу. И продолжила, обратившись уже ко мне. — У нас в доме теперь жильцы сорганизовались: раньше никто ничего не хотел делать, все только свинячили. Зато теперь что-то изменилось и в этом отношении: никто не сорит, одни жильцы по собственному желанию моют полы на лестничных клетках, другие убирают снег возле подъезда. Сосед решил установить в двери подъезда новый замок со специальным механизмом на магнитах, потому что замок с электронной системой во время отключения энергии, понятно, не работает. А что делать? Надо же поддерживать порядок насколько можно, даже в мелочах. Иначе повсюду начнётся бардак, всё развалится.

Сегодня я ночевал у Андрея с Людой. Я ещё находился под сильным впечатлением от поездки по местам сражений вокруг Киева. Я замечал, что война втягивает и меня в свою воронку, входит и в мою жизнь.

— Юрча, иди помойся, пока есть свет и горячая вода, — предложила Люда. — А я тем временем приготовлю что-нибудь поесть.

— Хорошо. Но я не голодный, насытился пирожками.

— Тогда я заварю чёрный чай, как ты любишь. И дам тебе попробовать мёд с нашей пасеки. В общем, иди мыться. Твоё полотенце в ванной.

— *Дякую*.

Я скрылся в ванной и, раздевшись, стал под душ. Мне было немного неловко оттого, что сейчас я моюсь первым, по праву гостя, ведь если выключат свет, то они — хозяева — помыться не успеют.

Ещё мне было любопытно наблюдать за Людой. Я знал её давно, лет тридцать, с той поры, когда Андрей с ней встречался ещё в университете. Андрей учился на истфаке, а Люда — на мехмате. После окончания университета они поженились. Люда работала в каком-то конструкторском бюро, но эта работа никогда ей не нравилась. Потом родился их старший сын Богдан (ставший фотографом, который устроил нам сегодня «экскурсию»), а потом и младший сын Максим (тот, который сейчас воюет под Бахмутом на Донбассе). После рождения Максима Люда окончательно ушла с работы, поставив крест на своей профессиональной карьере, всё своё время посвятила дому и воспитанию детей.

Она была привлекательной, но не красавица, внешне ничем не примечательна и, если правду сказать, — то и внутренне тоже. Она была просто хорошим человеком, в меру приветливой, в меру отзывчивой. Наверняка была заботливой мамой, верной женой, хорошей хозяйкой. И… ничего больше. Если бы меня спросили, кто такая Люда, как её охарактеризовать одной короткой фразой, что первое при упоминании её имени приходит на ум, то я бы сказал так: «Люда — это… жена Андрея, мама Богдана и Максима». И всё. Больше ничего в голову бы не пришло.

Но в этот приезд я неожиданно открывал в Люде женщину, которую раньше не знал, подмечал в ней такие свойства, которые ранее оставались для меня незамеченными и невидимыми.

Вот, к примеру, сейчас она предложила мне принять ванну. Не забыла повесить на вешалку чистое полотенце. Запомнила, что я вчера ляпнул за столом, что люблю перед сном пить чёрный чай. А ведь Люде есть о чём помнить, кроме свежего полотенца для меня и моей барской привычки вечером чаёвничать. У неё младший сын — в Бахмуте — понимаете? в Бахмуте! — где сегодня ад адовый, это утверждает и украинская, и западная, и даже брехливая российская пресса. Максима туда отправили совсем недавно, три недели назад, а к этому событию ведь нужно привыкнуть, его нужно принять, как-то к нему приспособиться.

Андрей говорит, что они с Людой были готовы к тому, что Максима отправят на фронт. Максим оставался в теробороне и после того, как русских отогнали из-под Киева. Но предложили, и Максим подписал контракт, оставшись в армии, в ВСУ. Почти полгода он служил под Киевом в мотострелковой части, проходил там военную подготовку как обычный пехотинец. В то время он ещё числился в университете студентом третьего курса, учился онлайн на истфаке.

Как я сейчас узнал, этот выбор — пойти на истфак — был не его, а Андрея. Парень не мог определиться в своей будущей специальности, не знал, какую профессию выбрать, и тогда Андрей по праву отца предложил ему попробовать на историка, ничего другого Андрей предложить не смог, кроме как такую же специальность, какую выбрал когда-то для себя. Судя по всему, этот выбор оказался неудачным, с учёбой на историка у парня явно не заладилось. До войны он учился только под нажимом родителей, а когда началась война и учёба в университете стала практически формальной, а служба в армии — фактической, Максим и вовсе махнул на занятия рукой, вскоре бросил университет и полностью переключился на военную службу.

В данном случае, вероятно, свою роль сыграла и генетика. Дело в том, что отец Андрея (дед Максима), был потомственным военным, в звании полковника. Андрей вырос в военной семье, своё детство и юность провёл с родителями в военных городках, и хотя после службы в армии поступил в университет на историка, в нём всегда оставались манеры и подходы к жизни человека, близко знакомого с армией и военной службой, привыкшего к железной дисциплине и порядку.

Однако вернёмся к Максиму: бросив университет, он остался в армии. На выходные и в праздники из воинской части под Киевом приезжал домой к родителям, где встречался с друзьями и просто отдыхал. А в понедельник с утра — снова на службу, в часть. Солдат их части уже предупредили, что их подразделение готовят к отправке, но куда точно отправят — не говорили.

Андрей с Людой надеялись, что роту Максима отправят либо под Беларусь, откуда постоянно ждали вторжения, либо куда-то на юг, на Херсонщину, где тоже идут бои, но не такие сильные. Однако чем «жарче» становилось под Бахмутом, тем для Андрея с Людой становилось очевиднее, что сына бросят именно туда. Андрей и Люда стали себя к этому морально готовить.

Но как можно к такому приготовиться? Да, разумеется, человек может предпринимать титанические усилия, чтобы себя психологически подготовить к чему-то архиважному и архитрудному. Он может найти множество рациональных доводов, уверить себя в неизбежности приближающегося события, мысленно попытаться уменьшить его значимость. В какой-то момент даже может сказать себе с полной уверенностью: «Всё, я морально готов». И что же? Событие случается и… вдруг обнаруживается, что человек не готов к этому и близко, а всё это время только тем и занимался, что ходил вокруг да около, пытаясь обмануть себя, но реальность моментально разбила вдребезги хрупкую вазу его самообмана.

Так случилось с Андреем и Людой. Когда сын им сообщил, что их роту отправляют под Бахмут, у родителей был шок. И этот шок с тех пор не прошёл аж ни грамма.

Однако внешне про них сказать этого было нельзя. И после отъезда сына на фронт у Люды с Андреем со стороны будто бы ничего не изменилось. Андрей продолжал заниматься составлением книги по заказу одного бизнесмена, пожелавшего иметь книгу с историей своего рода, да ещё и обязательно в изложении профессионального историка. Люда по-прежнему хлопотала по хозяйству. Короче, всё как обычно.

«Может, так принято у военных?» — задавал я себе этот вопрос, размышляя над странным для меня спокойствием своих друзей. Да, наверное, у военных иной менталитет: там, где мы — интеллигенты — рефлексируем, задаём себе тысячи вопросов, не удовлетворяемся ответами, пьём, истерим, военный человек поступает просто. Берёт автомат и идёт на войну. Потому что так надо. Потому что нельзя иначе. Потому что нечего обсуждать.

Или же не всё так просто?

Ещё в Нью-Йорке, узнав, что Андрей и его младший сын с первых же дней после начала войны оказались в тероброне, я не удивился. Почему-то никогда не сомневался в том, что Андрей в критический ситуации именно так и поступит, что для него не может быть иных решений. Но не только потому, что он из семьи военного. И не потому, что он редкий патриот всего украинского, отнюдь нет: он по-украински, кстати, говорит-то средненько, его родной язык — русский, и его культура — русская: рок-музыка в его приёмнике в машине — русская, и книги он читает русские, и фильмы смотрит русские. Но вот — в первый же день попросился с сыном в тероборону и взял автомат с двумя рожками патронов, чтобы защищать Киев от русских.

Быть может, на этот поступок Андрея подвигло не только чувство гражданского долга и даже не ментальность человека, выросшего в семье военного, а подлинная человеческая порядочность?

Что же касается его сына Максима, то в Бахмуте их отправляют на огневую позицию по ротации: двое суток Максим живёт на квартире в посёлке неподалёку от линии фронта, которую они снимают с тремя другими солдатами из их отделения. А на третий день их привозят на передовую, в полной экипировке. Там сапёрными лопатками они выкапывают себе новый окоп, в котором находятся сутки — под артиллерийским и миномётным обстрелом, отражая атаки, в основном «вагнеровцев». Через сутки — замёрзших после проведённых долгих часов в этом окопе, где снежная жижа, отсутствие туалета и прочие «удобства», не считая постоянного грохота канонады и автоматной стрельбы и, разумеется, риска погибнуть, их отвозят обратно в посёлок, — отдыхать, отогреваться, отсыпаться и отъедаться. А через двое суток — снова на огневую, рытьё нового окопа — старый окоп уже «засвечен», его могут накрыть огнём, поэтому нужно рыть новый.

И снова сутки боя.

Во время боя, ясное дело, никакой связи с родителями нет, мобильные телефоны с собой брать нельзя. Максим звонит родителям только после того, как возвращается с передовой, когда уже отгремело и отстреляло, и можно расслабиться.

Понятно, что не только Максимка там проводит сутки в окопе. Эти сутки — вместе с ним на огневой — проводят Андрей и Люда, находясь в Киеве.

Но только виду они не подают, что «на передовой, в Бахмуте». Они живут обычной жизнью, рутинной, рутиной войны, приспосабливаются к частому отсутствию света, Андрей заканчивает книгу для бизнесмена, начатую ещё перед войной, а Люда занимается хозяйством и… заботится про гостя Юрчу из Нью-Йорка. Вот и сейчас надо, чтобы гость принял душ первым, пока есть свет и горячая вода, чтобы вытерся свежим полотенцем, чтобы обул вот эти тапочки, так как в квартире пол холодный. Потом будем пить чай, она будет угощать гостя мёдом с их пасеки, собрали пять сортов. Потом гостю надо постелить чистую тёплую постель, спросив, какую подушку он любит — высокую или низкую, мягкую или жёсткую, и дать ему два одеяла, чтобы не замёрз.

* * *

Мы сидели у них на кухне, пили чай. Люда расставила на столе пиалы, наполнив каждую мёдом, собранным в этом году с их пасеки. Мёд в пиалах был разного цвета и различной густоты: от светло-жёлтого, прозрачного и жидкого, почти как вода, до густого тёмно-коричневого, — в зависимости от того, с каких цветков пчёлы собирали пыльцу, — акации, гречки или клевера.

Андрей рассказывал о жизни пчеловода, о секретах пчёл, его пасека находилась в специальном месте в районе Лукьяновки, где, оказывается, киевские пчеловоды хранят свои ульи в зимний период. Андрея к этому делу когда-то приобщил отец Люды, ныне покойный, который занимался различными промыслами, — и садоводством, и пчеловодством, и огородничеством, и сушением грибов. Андрей постепенно втянулся, даже находил в этом своё удовольствие и, как человек военной складки, привыкший ко всему подходить серьёзно, развернул настоящее домашнее хозяйство. У них в квартире в прихожей стояли металлические бидоны с мёдом, на балконе висели вязанки сушёных грибов, на столе сушились яблоки, там же лежали орехи, собранные на их даче, на полу в ряд стояли банки с консервированными помидорами.

Наш разговор переходил с одной темы на другую, мы говорили то о пчеловодстве, то о политике, о моей жизни в Нью-Йорке, вспоминали однокурсников, кто кем стал и кто где сейчас.

— Вовка Бондаль воюет в артиллерии, ты же помнишь Бондаля? Ну да, он поставил в Фейсбуке своё фото, возле установки САУ, когда ехал защищать Киев. С тех пор на фронте, насыпает кацапам артиллерийских пи…юлей. Сашка Данилюк тоже воюет, он в пехоте, командиром взвода, — рассказывал Андрей.

— А что с Осадчим?

— Осадчий спился, стал конченым алкашом. Зато его дочка далеко пошла. Она воевала ещё с 15-го года на Донбассе, её муж погиб на фронте. Потом она возглавляла разные общественные комитеты. Сейчас в Лондоне, работает в каком-то проекте по европейской безопасности.

— Круто.

— Да… А я вот, видишь, привыкаю к статусу пенсионера, — сказал Андрей погрустневшим голосом. — Когда мне стукнуло шестьдесят, сдал военный билет, получил карточку пенсионера и… будто бы жизнь моя закончилась. Не знаю, куда себя деть. От делать нечего недавно связался с одним парнем из тероборони, мы с ним успели подружиться за то время, что защищали Киев, он сейчас тоже на Донбассе, работает в штабе. Спросил у него, не нужен ли им там человек в пресс-центре, чтобы готовить пресс-релизы, писать официальные сообщения, в общем, делать любую штабную работу. Я даже согласен убирать у них в штабе, — сказал Андрей и вдруг умолк, понимая, что сейчас сморозил глупость, вернее, последней фразой случайно выдал какой-то свой большой секрет.

— Ты понимаешь, что он теперь задумал? — вмешалась в разговор Люда. — Он хочет поехать туда, на Донбасс. И я ни на минуту не сомневаюсь, что он это обязательно сделает, — она поправила очки и посмотрела на мужа в упор. Однако в её голосе не прозвучало ни упрёка, ни жалобы. Она просто вслух сообщила то, о чём раньше смутно догадывалась и в чём теперь была уверена.

— Ну да, ну да… Хочу работать в военном пресс-центре, готовить пресс-релизы, убирать в штабе… — пробурчал Андрей растерянно.

— Вот так, Юра, так мы и живём, — продолжала Люда тем же спокойным голосом, обратившись ко мне. — А что делать? Что делать? Ты же сам всё видишь. Мы должны держаться один за другого. Мы не можем сдаться. Русских очень много, они своих людей не считают, да и за людей их не считают.

Она перешла на украинский язык, который был для неё родным, хотя и по-русски говорила без акцента.

— Ты знаешь, я только сейчас, во время этой войны, поняла, насколько мы с ними разные. Между нами и русскими нет ничего общего. Хоть я и не историк, но мне это всегда было очевидно. Хочешь ещё чаю?

— Вот блин!

После щелчка в квартире вмиг стало темно.

— Опять отключили. Ну и ладно. Всё равно уже поздно, скоро всё равно спать.

Андрей включил электронакопитель — павер-банк, который я привёз им из Нью-Йорка, и два синеватых луча света прорезали темноту.

— По-моему, воды тоже нет. Сейчас проверю, — Андрей подошёл к раковине и повернул кран. Из горловины крана вылетел неприятный «глотающий» звук, а вода не полилась.

— Вот суки.

— Что ж, тогда пошли спать. Жаль, что компьютер не работает, потому я опять не могу заняться книгой. В нашей жизни теперь ничего нельзя планировать, — Андрей досадливо вздохнул.

Он подождал, пока Люда выйдет из кухни, и сообщил мне, что в ванной на полу стоит небольшой ковшик с водой — на случай, если ночью захочу в туалет.

* * *

Я уже собирался лечь спать, надев тёплые спортивные штаны и футболку и взбив на диване две большие мягкие подушки, как в комнату, тихо постучав, вошла Люда.

— Мы завтра утром поедем к нам на дачу в Бучу, раз уж сегодня не успели. Тебе там будет интересно, там есть на что посмотреть. А нам нужно оттуда кое-что забрать. Поэтому завтра встаём пораньше, часов в восемь, договорились?

— Да, конечно.

Люда стояла, улыбаясь. Мне было видно её лицо, слабо освещённое светом настольной лампы, работавшей от внутренней подзарядки. У Люды сейчас был какой-то беспокойно-беззащитный вид. Я понял, что она хочет мне что-то сказать, что-то сокровенное, быть может, такое, что не говорила даже мужу.

— Знаешь, я теперь жалею, что мы когда-то выбрали Антона крёстным отцом для нашего Максима, — призналась она. — Антон — хороший человек, нежадный, он давал Максиму на каждый его день рождения по сто долларов. Кстати, он и сейчас дал нам тысячу долларов, чтобы мы купили и отправили Максиму всё, что ему там, на фронте, нужно из одежды и другие вещи. Понимаешь, Антон — хороший человек, бизнесмен, но он плохой крёстный отец. Он в этом не виноват, он и сам признаётся, что в Бога не очень-то верит и не понимает, зачем нужно ходить в церковь и за кого-то там молиться, если можно сделать что-то нужное для человека не в церкви, а в любом другом месте, и не молитвой, обращённой к изображению на иконе, а конкретным делом. Я всегда жалела, что мы не попросили тебя быть крёстным для Максима. Хоть ты и живёшь далеко, за океаном.

— Хм… Но я ведь не крещённый. Одно время я интересовался христианством, но никогда не крестился.

— Да, я знаю. Хотя жаль. Я тоже человек не церковный, в церковь стала ходить совсем недавно. Ты понимаешь, да? Вот купила там иконку Богоматери и отправила ему, попросила, чтобы он положил её в нагрудный карман своей куртки… Я хочу тебя попросить кое о чём очень важном, — сказала она, понизив голос и слегка наклонившись ко мне. — Молись за него. Пожалуйста, молись за него.

Я не знал, что ей ответить.

— Сегодня утром их отвезли на позицию. Поэтому я до завтрашнего утра не буду спать. Андрей тоже не будет спать. Мы оба не будем спать, пока он завтра нам не позвонит и не скажет, что уже вернулся и что у него всё в порядке.

Она умолкла. В комнате стало настолько тихо, что было слышно, как за окном дует ветер, налетая на стёкла.

— Андрей скоро тоже уедет туда, на Донбасс, чтобы быть поближе к Максиму. Он для этого пытается найти себе работу в пресс-центре, в штабе, ищет любые варианты. Это для него сейчас самое главное задание, которое он перед собой поставил. Но я не буду его удерживать. Ведь если Андрей будет поближе к Максиму, то и мне будет спокойней. Нам обоим будет спокойней. Понимаешь?

— Да.

— Всё это ужасно. Но что можно поделать? Нужно жить, и ни в коем случае не давать волю своей слабости, своим дурным мыслям и предчувствиям. Иначе можно сойти с ума. И тогда всё развалится, — и человек, и семья, и всё. Понимаешь?

— Да.

Она снова слабо улыбнулась.

— Спасибо тебе. Смотри, я тебе положила маленькие подушки вдоль стены, чтобы ты не замёрз. Если не будут топить, то стена станет холодной. Но сделай так, как тебе удобно. Спокойной ночи. *Добранич*.

И она тихо вышла.

* * *

Максима я видел в последний раз пятнадцать лет назад, когда приехал в Киев со своим сыном Давидом, чтобы он пару летних месяцев провёл с родителями жены на Днепре.

Мы тогда встретились с Андреем и Людой, они взяли с собой своего младшего сына, наши дети были ровесниками. Мы провели все вместе несколько дней, гуляли по городу, спускались в пещеры Киево-Печерской лавры, дети в парках катались на качелях, ели в кафе мороженое. Давид и Максимка сразу нашли общий язык. Люда и Андрей были приятно удивлены, так как их сын до сих пор был необщительным и застенчивым ребёнком, по их признанию, сложно находил контакты со сверстниками. С Давидом, однако, сразу сошёлся, дети не отходили друг от друга ни на шаг и даже упросили нас, чтобы Давид переночевал у них. Я почему-то хорошо запомнил сцену, как они оба — улыбки до ушей — ездили верхом на двух осликах в парке отдыха на Владимирской горке.

Любопытно, что и Давид, и Максим эту встречу хорошо запомнили. По возвращении в Нью-Йорк мы ещё несколько раз организовывали детям «телемосты» по Скайпу. Но со временем мои контакты с Киевом становились всё реже и слабее, как река, устья которой мельчают на глазах и вот-вот окончательно высохнут.

Андрей и Люда помнили про день рождения Давида и всегда исправно поздравляли нас — родителей — в этот день. А я, в свою очередь, поздравлял их с днём рождения Максима, правда, был не так аккуратен, как они, случалось, забывал.

Услышав от меня, что Максима отправляют на фронт, мой Давид почему-то смутился, на его лице отразилась гамма самых сложных чувств: от удивления и зависти до перепуга.

«Ву-у-у… Серьёзное дело», — протянул он, почему-то покраснев.

Наверное, Давид тогда впервые понял, что война в Украине, которую он изредка видит по новостям и в Тик-Ток в своём телефоне, и кое-что слышит о ней от меня, — это не только подбитые русские танки, сбитые вертолёты и разрушенные здания украинских городов. Всё это — картинки, как в кино. А вот теперь реальный, настоящий, живой Максим отправляется в это «кино».

Узнав, что я еду в Киев, Давид купил в магазине для Максима наручные часы «Invicta». Я в этом не шибко разбираюсь, в отличие от своего сына, который на часах буквально помешан. Я не спрашивал у Давида, сколько эти часы стоят и насколько они хороши. Не сомневаюсь, что часы этой фирмы с мировым брэндом входят в список «топовых», что с ними можно и спускаться на дно океана, и лететь в космос, и бросать их в огонь, они всё равно будут показывать точное время.

Из рассказов Андрея и Люды я узнал, что их Максим имел проблемы с сердцем — после того как в десять лет переболел тяжёлым гриппом. Грипп дал осложнение на сердце, и парень с этим нарушением жил. Он не отличался атлетическим сложением, даже был рыхловатым и неуклюжим подростком, но очень постарался и привёл себя в форму, посещая спортивные секции.

— Вообще-то он мечтал стать военным, но знал, что по состоянию здоровья эта карьера для него закрыта, — объяснила мне Люда. — Его это сильно напрягало, но он всё-таки надежду не оставлял. Незадолго до войны, когда все вокруг, кроме нашего президента, понимали, что Россия вот-вот нападёт и будет война, Максим стал посещать специальные курсы, где ребят и девушек готовили в отряды теробороны. Он сразу же целиком отдался этой подготовке к войне.

Дальше всё известно, что с ним произошло и где он сейчас.

— У нашего парня дух крепкий, но сердце, увы, слабенькое. В последнем телефонном разговоре он мне признался, что для него тяжело выкапывать себе окоп, когда их привозят на огневую, — добавил Андрей, когда мы разговаривали про Максима и его проблему со здоровьем. — Сейчас зима, земля твёрдая, снег. А копать окоп приходится быстро, пока русские не засекли и не накрыли огнём. Максим мне рассказал, что когда он копает окоп, то сильно потеет, под конец начинает просто задыхаться. *Н-да, от така муйня, малята*… Но, с другой стороны, чем глубже окоп — тем безопаснее, тем меньше вероятность, что тебя зацепит осколками снаряда. Это азбука войны.

…Дождавшись, когда шаги Люды за дверью утихли, я решил осмотреть интерьер комнаты. Это была комната Максима, теперь мне здесь предстояло спать неделю, до самого отъезда.

Мои глаза уже привыкли к слабому освещению настольной лампы с внутренней батареей. Под тяжестью моих шагов поскрипывали деревянные планки паркета.

На одной из стен висел забавный зелёный удав, скрученный кренделем, с высунутым красным тряпичным языком. Наверное, это одна из его любимых игрушек детства. (У моего двадцатилетнего Давида, между прочим, в его комнате всё ещё лежит большой плюшевый медведь с глазами-пуговицами.) На книжных полках в углу — учебники по истории Киевской Руси, казачестве, войнах украинцев против Речи Посполитой и Московского царства, история УПА. Художественные книги, комиксы, журналы про автомобили — в основном на украинском языке, но есть и на русском, и на английском.

Да, несмотря на все провалы в государственном строительстве после развала Союза, несмотря на все уродства нового независимого государства и все те безобразия, которые в недрах этого архикоррупционного государства творила влада, в Украине всё-таки выросло новое поколение. Даже беглый взгляд на домашнюю библиотеку Максима красноречиво свидетельствует о том, что новое поколение украинцев сильно отличается от своих «полусоветских» отцов и «советских» дедов. Поэтому неслучайно они сейчас на войне, причём пошли туда сами, не дожидаясь, когда их позовут.

Путину никто не доложил об этом — новом — поколении украинцев. Поэтому он не понимает, почему с ним воюют и почему его солдат не встречают с цветами и *паляницями*.

Я подошёл к письменному столу, где стоял монитор компьютера с клавиатурой, а рядом валялись всякие безделушки. В открытой пластиковой коробке лежали опознавательные знаки из твёрдой материи с липучками, которые военные прикрепляют себе на форму: знак «Збройні Сили України», крошечный жёлто-голубой флажок, шевроны. Материя на этих знаках была потёрта и испачкана, из строчек торчали чёрные нитки. Короче, всё это «хозяйство» было явно не только что приобретённое в магазине, а уже пользованное, вероятно, Максим носил эти знаки, когда служил в теробороне, а потом проходил военную подготовку перед отправкой на фронт. Ещё в этой коробке лежало несколько пустых гильз от патронов разного калибра.

А над столом на стене — фотография в рамочке: белобрысый улыбающийся подросток. Черты лица явно мамины. И хитроватый, озорной взгляд, такой, будто бы паренёк задумался, какое бы ему озорство учудить.

Я долго внимательно смотрел на эту фотографию. «Как же мне, парень, молиться за тебя, а? Я не священник, не раввин. Я не знаю, как мне за тебя молиться. Но я знаю одно: Бог не может и не должен допустить, чтобы с тобой случилась беда».

Выключив лампу, я лёг в кровать. Накрылся одеялом с головой и тут же заснул.

* * *

Утром я был разбужен голосом Люды, доносившимся из другой комнаты: «У нас всё тихо. Есть и свет, и вода, батареи топят. Всё слава богу».

— Выспался? — спросила меня Люда, когда я вышел из комнаты, застёгивая на ходу браслет часов.

— Да. В комнате у Максима очень тепло и уютно, я спал без задних ног, как младенец в люльке.

— Этой ночью не стреляли. Уедешь в Нью-Йорк, так и не понюхав пороху, — пошутил Андрей, сидевший за включённым компьютером.

Оба — Андрей и Люда — были явно в приподнятом настроении.

— Мы недавно разговаривали с Максимом. У него всё в порядке. Они уже дома. Говорит, что немного простыл.

Понятно, провести сутки в холодном окопе, в лужах и под снегом. Главное, что цел и невредим, — сказала Люда бодрым радостным голосом. Улыбка не сходила с её лица.

Андрей тоже улыбался, часто поглаживая густые усы.

Они выглядели помолодевшими на десять лет.

Труп в Бучанском саду

И вот мы снова в машине, едем по трассе, теперь уже в Бучу, где находится дача Андрея и Люды.

Мы проезжали уже знакомые контрольно-пропускные пункты с палатками, завешенными защитной маскировкой и охраняемые вооружёнными караульными. По обе стороны дороги темнели смешанные лиственные и хвойные леса, всё вокруг было покрыто снегом.

Наконец мы въехали в Бучу — пригородное живописное местечко, утопавшее в рощах, парках и аллеях. Иногда нам на пути встречались и обычные старенькие дачи или неказистые домишки местных жителей, лишённые каких-либо эстетических излишеств. Но было и множество новых домов с оригинальной архитектурой, даже с изыском и претензией, с колоннами и портиками. В этом благолепии совершенно «не к месту» то тут то там чернели наполовину обгоревшие разрушенные дома.

— Замечаешь, как машина прыгает? Это значит, по этой дороге шла бронетехника и разбила асфальт, — объяснил мне Андрей, сбрасывая скорость. Неожиданно он нажал на тормоз, остановив машину возле перекрёстка, где у обочины торчал из земли обрубок ствола какого-то дерева. — Здесь росла наша знаменитая бучанская липа.

— Чем же она прославилась? — спросил я.

— Сейчас узнаешь. Итак: когда-то на этом месте росла липа. Дерево было уже старым, могло рухнуть от первого ветра. Все говорили, что нужно его спилить во избежание несчастного случая, чтобы никого, не дай бог, не раздавило. Обращались даже в местный совет, но, как ты понимаешь, до дела так и не дошло. Началась война, сюда вошла русская бронетехника. Один их танк остановился вот на этом месте, вероятно, танкист не знал, куда ехать дальше. Или, может, захотел подышать свежим воздухом. Он открыл люк и вылез наружу. И дерево вдруг рухнуло на него. Представляешь? Раздавило москаля к х..ям! Один местный житель из окна своими глазами видел эту сцену и потом всем нам рассказал, — закончил Андрей своё повествование, резюмировав: — Даже наша природа против них.

Он завёл двигатель, и через несколько минут мы подъехали к невысокому двухэтажному дому за забором.

— Наша дача. Не помню, был ли ты здесь когда-нибудь? — спросил Андрей.

— Да, один раз, летом. Если не ошибаюсь, Люда тогда была беременна Богданом. Помню, всей компанией мы сидели за столом на пленере, отмечали какой-то праздник: жарили шашлыки и пили наливку, а её отец приносил и приносил нам только что собранные овощи и фрукты. А почему здесь нет ворот? — удивился я, когда мы подошли к тому месту, где должны быть ворота. Но вместо них к высоким столбам были прислонены два больших ржавых жестяных листа, посечённые пулями и осколками снарядов.

— Чтобы ты понял: в нашем доме жили русские. А дело, думаю, обстояло так: когда они взяли Бучу, один из их экипажей выбрал наш дом для своего проживания. Им просто в облом было открывать ворота, они въехали сюда прямо на своём бэтээре: снесли ворота, раздавили все кусты, разрушили и дорогу к нашему дому, и крыльцо. На следующий год мне здесь придётся всё отстраивать и восстанавливать, — оттянув прислонённый к столбу лист жести, Андрей пропустил вперёд Люду и меня, а потом и сам пролез в щель.

Мы очутились внутри дачного участка.

В доме мы заварили и выпили кофе. Потом мы все вместе переносили из подвала в дом какие-то коробки.

— Вот здесь они спали, — сказала Люда, указывая на раскладной светлый диван в одной из комнат.

Весь диван был в каких-то тёмных мутных пятнах и потёках.

— Они что, мочились прямо на диван? — спросил я.

— Не знаю. Я хотела его выбросить, но для этого его надо вынести и заказать машину, чтобы его отвезли. Пробовала его отчистить — ничего не получается, — пожаловалась Люда. — Когда мы вернулись сюда после того, как их здесь уже не было, я обратила внимание, что все стены в доме внизу были в чёрных полосах от их сапог. Не знаю, зачем они били стены сапогами? Может, они были постоянно пьяными? Или это у них считается особым шиком — бить по стене сапогами? Наверное, они так били по стенам у себя в казарме.

— Именно так, — подтвердил Андрей.

— Представляешь, они съели всё, что у нас здесь было: всю крупу, всю сухофрукту, выпили весь чай, всё съели, даже гнилую картошку. Им нечего было жрать. Здесь на полу, когда мы приехали, повсюду валялись пустые упаковки одного и того же печенья, вафель и конфет — они это утащили из кондитерского магазина неподалёку от нас.

— Несчастные мальчики, они были голодными, — съязвил Андрей. — А вот зачем они прострелили мой лэптоп, непонятно, — Андрей взял со стола лэптоп, простреляный насквозь в центре двумя пулями.

— Ты себе не представляешь, какая здесь после них стояла вонь. Сколько я здесь мыла полы и вычищала после них, не могу тебе передать. Этим летом мы мало что успели, только убрали и застеклили разбитые окна. В следующем году нам придётся чинить и потолки, видишь, изрешечены пулями, и стены, потрескавшиеся от взрывов, восстанавливать, построить крыльцо, по новой уложить дорожки, вынести отсюда всё, что о них напоминает, — и диван, и разбитые стулья. И снова всё перемыть.

— Да, будет мне работа этой весной, — усмехнулся Андрей.

— Андрюшечка, а что делать? Надо же всё привести в порядок.

— А я что, спорю? Я просто констатирую факт, — ответил Андрей.

Мы вышли из дома, собравшись ехать обратно.

— Вон там валялся труп русского военного, — неожиданно сообщила Люда, указывая рукой на место в саду возле забора.

— Серьёзно?

— Да. Знаешь, как это случилось? Когда в Буче шли бои, их бронетехника попёрла по дороге, что неподалёку от нашего дома. Но перед этим наши успели эту дорогу пристрелять. Русские вошли всем скопом, и наша арта их тут же накрыла. Ты наверняка видел тот знаменитый снимок, где на дороге в Буче стоит разбитая колонна русской бронетехники?

— Да, конечно, помню этот снимок. Правда, на том фото мне не всё было понятно: как случилось и почему на одном коротком участке дороги в небольшом подлеске стоит дюжина раскуроченных танков и бэтээров? Теперь более-менее ясно, — ответил я.

— А вот окончание этой истории. Когда наша артиллерия их накрыла, снаряды внутри танков и бэтээров повзрывались, и военных, сидевших в этих машинах, раскидало в разные стороны. Некоторые из них разлетелись на куски, туда — ноги, туда — руки, а к нам на участок залетел целый. Упал вот под этим забором. Мы тогда были в Киеве, а наш сосед оставался здесь, в Буче. Он мне звонит и говорит: *«Люда, у вас у садку труп москаля валяеться. Просто, щоб ты про цэ знала»*. Понятно, думаю. И что же мне теперь делать? Как его вынести? Соседа просить об этом неудобно. Пришлось ждать. Когда наши их из Бучи выбили, мы с Андреем сюда приехали, позвонили в теробороны, и труп унесли. Вот так.

Прихватив коробки, мы с Людой пошли к машине, а Андрей остался — закрывал листами жести временные «ворота».

— Они тут, в Буче, много горя принесли, — продолжала Люда. — Ты наверняка знаешь, какие зверства они тут творили, причём не только кадыровцы и буряты, но и русские. Между ними нет никакой разницы, они все одинаковые. Наш сосед всё время оккупации жил в холодном подвале своего дома, они выгнали его в подвал и заставляли его прислуживать им. Многие жители прятались от них в подвалах, боялись выходить на улицу. Кстати, помнишь Сашу Шульгу? Он с вами учился в университете. У него здесь, в Буче, тоже дача. Так вот, он просидел в подвале, безвылазно, семнадцать дней, чтобы не попасть им на глаза. Русские обыскивали и допрашивали здесь всех мужчин, даже раздевали их и смотрели, какие у них наколки. У кого обнаруживали наколку с украинскими символами, то убивали, причём зверски убивали, с пытками. Насиловали женщин, похищали детей. Всем жителям было запрещено выходить на улицу самовольно, без разрешения. Наш сосед видел, как они однажды застрелили женщину, вышедшую из дома в магазин. Просто так — расстреляли в спину; её труп лежал на дороге несколько дней… Скажи, разве такое можно простить? — она ненадолго умолкла. Поправив очки, посмотрела куда-то вперёд и промолвила тихо, но твёрдым голосом: — Веришь — нет? У меня к ним нет ненависти, нет даже презрения. Одна только брезгливость.

ЧАСТЬ ЧЕТВЁРТАЯ

Новый старый город

Один из дней я решил провести в одиночестве, заодно дав друзьям возможность передохнуть от своей персоны. С утра и до вечера я просто шатался по городу: проехал в метро по старым и новым веткам, прошвырнулся по магазинам, посидел в кафе.

За это время я уже привык к виду противотанковых ежей на тротуаре возле переходов у входа в метро. В тех районах, где было электричество, всё работало, как обычно, а где электричество было отключено, гудели мобильные генераторы, стоявшие возле входов в магазины.

Я был приятно удивлён не только обилием товаров в магазинах — продуктов, одежды, электроники (причём известных европейских и американских брэндов), но и чистотой, а также удобной системой расчётов. А главное — уровнем обслуживания.

По своему старому представлению, я ожидал увидеть за прилавками магазинов крикливых тёток с их профессиональным хамством советских и пост-советских продавщиц. Куда они делись, эти звери за прилавками и на кассах, оскорблявшие несчастных покупателей, которые были готовы терпеть любые унижения ради консервной банки кильки в томате? Канули те звери в Лету советской истории!

Сейчас в магазинах Киева за прилавками стояли в основном молодые стильно одетые женщины, которые, к счастью, и понятия не имели, что из себя представляли их предшественницы. Нынешние продавщицы были приветливы и обходительны. Если я обращался к ним на русском — отвечали на русском, обращался на украинском — отвечали по-украински.

Подобных приятных изменений в мелочах я замечал множество и повсюду в городе — в магазинах при обслуживании клиентов, в транспорте, в общении людей между собой. И это — несмотря на ракетные обстрелы и воздушные тревоги, на стресс, на постоянные отключения света.

Я уезжал из Киева давно, когда перемены в сфере услуг и быта только начинались. Тем разительнее для меня теперь был контраст. В общем и целом, Киев производил впечатление современного восточноевропейского города с многовековой историей, такого, как, скажем, Краков или Прага, бесповоротно порвавшего со своим советским прошлым.

Зажигание свечей

Накануне отъезда в Нью-Йорк я попал на party — у одной из моих бывших однокурсниц, с которой я когда-то дружил и недолго работал в одной школе после окончания университета, был день рождения. Свой приезд в Киев я старался не афишировать, намереваясь провести время в основном с близкими друзьями «первого круга», однако весть каким-то образом разошлась и среди других однокурсников, живших сейчас в Киеве, которые тоже хотели бы со мной повидаться. В общем, всё совпало как нельзя кстати, мы объединили два мероприятия в одно — день рождения и встречу однокурсников.

Мы сидели за большим широким столом в просторной комнате. Среди приглашённых были те, которых я хорошо знал, и те, кого видел впервые. Пришли все мои близкие друзья — Тарас с Наташей, Андрей с Людой, Антон. Влад тоже хотел приехать, но у него с утра возникли боли в груди, поэтому он остался дома.

Произносили тосты, хозяйка предлагала новые блюда. Мы обсуждали разные темы: рецепты консервирования маслят и где их в этом году собирали (хозяин дома был грибником); из какого винограда готовят чачу и можно ли где-то купить чачу в киевских магазинах (жена одного из гостей была наполовину грузинкой, привезла несколько бутылок чачи из своей недавней поездки в Грузию).

Говорили, конечно, о приборах для освещения и зарядки мобильных телефонов на случай отключения электричества. Говорили о политике, о войне.

Возле меня сидела жена Тараса — Наташа, взяв надо мной нешуточную опеку. Наташа почему-то пришла к выводу, что я «в быту очень неприспособленный человек, которого нельзя оставлять одного». Сейчас она подкладывала мне еду в тарелку, советовала, что ещё попробовать, и тихонько сообщала, кто есть кто из гостей, кого я не знал и видел впервые.

Любопытно, что сейчас в квартире два языка — русский и украинский — звучали абсолютно равноценно; все сидевшие за столом понимали оба языка, просто одним было легче говорить на украинском, который был их родным, другим — на русском. Это совершенно идеальное двуязычие для меня тоже было новым. Ведь когда я давным-давно уезжал из Киева, в городе мало звучал украинский язык. Тогда это считалось «стыдным», украинский язык в столице Украины среди большей части «коренных» киевлян считался языком «жлобов», приехавших в столицу из села, людей «непросвещённых», «не умевших глаголать на нормальном языке». Да и сам-то я когда-то — чего скрывать? — тоже так считал.

Всё это, однако, было в прошлом, далёком и близком, где с избытком хватало пропаганды, национальных предрассудков и сознательной государственной политики стравливания народов и различных слоёв населения между собой. Война всё это смыла, как грязную пену. По крайне мере, сейчас в Киеве «вражды» языков не было и в помине, я этого нигде не заметил, наверное, потому, что на первый план вышли другие вопросы, людей меряли другими мерками, ценили по другим качествам и за другие поступки. Патриотизм и любовь к стране сейчас определялся не тем, на каком языке ты говоришь, вернее, не это было главным критерием.

И, тем не менее, на киевских улицах и в домах именно мова теперь звучала естественно и натурально, спустя столетия забвения и насильственной русификации возвращая город к его украинским истокам.

Сейчас за столом меньше всего мы обсуждали политико-исторический аспект этой войны, хотя, казалось бы, собрались историки, и им сам бог велел. Но почему-то на глобальные «геополитические» темы говорили мало.

Один из гостей (я его не знал и видел впервые) неожиданно признался, что несколько месяцев назад у него началась сильная депрессия, он и не подозревал, что депрессия так протекает. Его жена с младшей дочкой как беженцы в начале войны улетели в Англию, летом они приехали в Киев, пару месяцев вся семья была вместе, а к началу осени жена с дочкой отправились в Англию снова. Его же из Украины не выпустили — мобилизационный возраст. Старшая дочка уехала во Львов продолжать учёбу во Львовском католическом университете. Он снова остался один. Скучал за всеми, особенно за младшей, хоть они и общались ежедневно по Фейсбуку. Потом у него началась бессонница, потом неожиданно стало болеть сердце. Любопытно, что на первый взгляд этот мужчина производил впечатление человека «обыкновенного», даже простецкого, не принадлежавшего к категории людей «ранимых, с повышенной чувствительностью».

— У меня сердце стало болеть так, что я не сомневался, мне пиз..ц, — рассказывал он. — Пошёл к кардиологу. Сделали все тесты, — ничего не обнаружили. Сказали: «Парень, у тебя сердце здоровее, чем у быка». Выписали таблетки от депрессии. Но и таблетки мне не помогали. Я ни с кем не хотел видеться, меня даже стали посещать грязные мысли покончить с собой. К счастью, помогли друзья: они тащили меня и на шашлыки, и на рыбалку, и в кафе, звонили каждый день. Короче, выкарабкался.

— Да, мы все держимся, не ломаемся. *Мы нэзламни.* Вот — Юра, приехал из Америки, уверяет нас, что вся Америка нами восхищается. Приятно такое слышать, — присоединилась к разговору одна из женщин (как мне шепнула на ухо Наташа, эта женщина — подруга хозяйки-именинницы, психиатр по профессии). — Но всё не так просто. Ведь у каждого человека существует свой психологический ресурс, свои психологические возможности, а они не бесконечны. А вы думаете, что наши военные — из железа? А ни фига. Меня как психиатра иногда просят посмотреть военных в одном госпитале под Киевом, попавших туда по разным причинам, в основном из-за ранений и контузий. С ними очень сложно работать. Сообщаю: многие из них в тяжёлой депрессии, и не только из-за ранений. Среди них есть такие, кто глубоко разочарован плохим снабжением, нехваткой оружия, воровством и прочими безобразиями, которые творятся в тылу. Не все из них хотят возвращаться воевать, мечтают о том, как бы поскорее восстановиться и вернуться домой.

— Но среди них есть и такие, которые хотят поскорее встать на ноги и вернуться в строй, ведь так? — спросил её кто-то из гостей.

— Да, безусловно. Есть и такие, — подтвердила она, глубоко вздохнув.

* * *

Быстро стемнело.

Мы вышли с ней на балкон. Она накинула себе на плечи длинное чёрное пальто. А я оставался в своём чёрном свитере.

Она была в великолепной форме для своих пятидесяти трёх лет, стройна, разве что талия не такая тонкая, как прежде. Стрелки чёрных бровей над жгучими карими *очима*, — как и в молодости, четверть века назад, когда мы с ней виделись в последний раз. *Чорні брови, карі очі…*

Я сразу же ей это сказал в качестве комплимента.

— Ты тоже мало изменился за эти годы, — ответила она, закурив.

— Я слышал, ты защитила диссертацию, это так? — спросил я.

— Да, теперь преподаю историю в Могилянке. Из-за войны и отключения электричества учёба, сам понимаешь, какая. Даже онлайн очень трудно наладить сносные занятия: то у студентов в доме нет электричества, то у меня. Мы ещё этого не осознали, но в Украине в системе образования возникает колоссальный провал у целого поколения: сначала коронавирус — два академических года учились онлайн, понятно, что это была за учёба. А теперь из-за войны вообще полная задница, — она выпустила струйку дыма, быстро растворившегося в холодном воздухе.

Я посмотрел на её лицо в профиль. И вдруг поймал себя на мысли, что она очень похожа на мою жену: схожий тип лица с правильными чертами, даже носик — такой же маленький и слегка вздёрнутый; и фигурой, и ростом обе очень похожи. Надо же.

Через окна застеклённого балкона с четырнадцатого этажа нам открывался прекрасный вид на город. По дорогам лился нескончаемый поток огней от фар машин. Вдали темнел Днепр, над которым нависали кручи правого берега с золотыми куполами Печерской лавры.

— Ты вышла замуж? У тебя есть дети?

— Да, дважды была замужем. Дважды развелась. Сыну двадцать пять лет, живёт отдельно. Я очень переживаю, что его призовут и отправят на Восток, — она нахмурилась и засопела. Но, быстро отогнав нехорошие мысли, посмотрела на меня и мило улыбнулась. — А ты, Юрась, молодец. Многого добился в Америке. Преподаёшь в колледже в Нью-Йорке, причём на английском языке. Учишься в аспирантуре. Ещё и подрабатываешь парамедиком. Молодец.

— Вот мой сын, взгляни, — я достал из кармана мобильник и с гордостью показал ей фотографию своего сына.

— Похож на тебя, как две капли. Просто поразительно, как похож, — сказала она, понизив голос. Затем раскрыла рот и слегка искривила губы.

Я отлично помнил это её выражение, когда она так — хитровато-лукаво-игриво, с многозначительным намёком — загадочно кривила губы перед тем, как сказать что-то «не в бровь, а в глаз».

— Знаешь, почему я тогда не согласилась выйти за тебя замуж? Сейчас могу сказать тебе об этом правду.

— Почему?

— Из-за твоей мамы. Да-да, из-за твоей мамы. Я её видела всего лишь раз, помнишь, когда ты меня привёл к себе в гости, якобы переодеться и взять зонтик, а на самом деле — познакомить с родителями? Пока ты там возился в комнате, я сидела в кухне за столом, и твоя мама подсела рядом. Она спросила, как меня зовут и как мы с тобой познакомились. Потом она строго посмотрела на меня. И — всё, я сразу поняла, что твоя мама меня не примет, что я для неё буду чужой всегда, может, потому что я — украинка, а ты — еврей. Или — потому что я пришла в её дом, чтобы увести её сына. Моя интуиция никогда меня не подводила, и в тот раз она мне подсказала, что эта женщина будет меня ненавидеть всегда и отравит всю мою жизнь.

— Ты серьёзно? — я не верил своим ушам.

— Да.

— Гм-мм… — я не знал, что ей ответить.

Сказать ей, что моя мама, как почти каждая еврейская мама, просто мечтала, чтобы я женился? (В этом отношении за своего старшего сына Сеньку, который тогда ещё тоже не был женат, мама почему-то беспокоилась меньше, чем за меня.) Для мамы уже было неважно, какой национальности будет моя жена — украинкой, русской, татаркой, цыганкой — кем угодно, лишь бы согласилась выйти за меня замуж. Мама была бы согласна молчать, даже не приезжать к нам, если бы её попросили, пойти на любые жертвы ради того, чтобы у сыновей сложилась хорошая семейная жизнь. Но в тот день в глазах моей любимой девушки, на которой я хотел жениться, моя мама предстала ей чудовищем, мегерой, злобной свекрухой. Вскоре после этого мы расстались. И вот сейчас, двадцать пять лет спустя, я узнал подлинную причину, почему мы не поженились!

Нет слов.

— Что ж, считай, твоя интуиция тебя не подвела. Вы действительно вряд ли нашли бы общий язык.

— Вот видишь, — подняв стрелки бровей, она сильно потянула носом и потушила сигарету в пепельнице на столе. Передёрнула плечами. — Пошли. А то ещё подумают, что у нас с тобой начинается военно-полевой роман.

* * *

— Бли-ин!

— А вот так!

— Это чтобы мы не расслаблялись! — раздались возгласы, когда во всей квартире погас свет.

Тут же вспыхнули фонарики в мобильных телефонах. Хозяйка, куда-то удалившись, вскоре вернулась с каким-то светящимся обручем на голове. Хозяин включил гирлянду лампочек, подсоединённую к небольшому аккумулятору.

— Подавать сладкое? Кто будет кофе? Чай?

Женщины стали убирать посуду перед десертом.

— Боже мой, не могу поверить, что ты завтра уезжаешь, — сказала Наташа, когда я снова сидел за столом рядом с ней. — Мой Тарас будет опять мучиться после того, как ты уедешь. Ты себе не представляешь, как он страдал первое время после твоего отъезда в Америку. Потом привык. Мне сейчас кажется, что ты вообще никуда не уезжал, ни в какую Америку, всегда был с нами.

— Мне тоже так кажется. Сейчас я чувствую себя в кругу родственников. Может, потому, что мы выпили слишком много «Перцовки» и чачи.

Сидевшие напротив Андрей и Люда о чём-то тихо говорили между собой. Андрей показал жене свой телефон, Люда, взяв у него телефон и поправив очки, приблизила телефон поближе к лицу и что-то там внимательно-тревожно рассматривала или читала. Затем вернула телефон мужу и, перехватив мой взгляд, улыбнулась, но как-то очень грустно.

— Бедная, бедная Люда, — прошептала Наташа, наклонившись и приблизив ко мне своё лицо так, чтобы никто, кроме меня, её не слышал. — Если бы мой сын сейчас был на фронте, под Бахмутом, я бы наверняка попала в сумасшедший дом. А Люда — железная, держится. *Нэзламна*. Но мне так её жалко…

— Эй, хватит вам шептаться. Вы хоть знаете, что сегодня первый день Хануки? — неожиданно воскликнул Тарас. — *Про́шу пана внести менору!*

В комнату вошёл муж именинницы с маленькой жестяной менорой и коробкой со свечками в руках.

— Это ж надо, какое совпадение. Как нам повезло, *браття*, что сейчас среди нас — настоящий иудей, можно сказать, почти рэбэ. Он сейчас зажжёт для нас менору, — торжественно сообщил Тарас в театральной манере. — Только смотри, *друже рэбэ*, осторожно, не устрой нам здесь пожар.

Может, в иное время это бы выглядело смешным, карикатурным, каким-то пьяным баловством. Но почему-то в этой полутёмной комнате все почувствовали: то, что сейчас произойдёт, будет иметь очень глубокое значение. И для каждого в отдельности, и для нас всех.

Мне тоже передалось чувство особой важности момента.

— В этой жизни случайностей не бывает, всё имеет свой смысл. Особенно сегодня. Ставь её сюда, — сказал я Тарасу повелительным тоном; мне стало ясно, куда сейчас переместился центр всеобщего внимания.

Когда Тарас поставил семисвечник на столик, я воткнул в каждую его лунку свечку.

— Ермолка. Дайте мне какую-то шапку или кепку, чем-либо накрыть себе голову.

Вскоре я водрузил себе на голову принесённую светлую шапочку в форме тюбетейки (вероятно, это и в самом деле была тюбетейка). Затем взял у Тараса зажигалку.

Возникла странная идеальная тишина.

Перед тем как зажечь свечу, я вдруг… произнёс молитву. Экспромтом. Причём говорил не я, а молитва сама говорила через меня.

Я благодарил Бога за всё, что Он нам дарует, за все блага, которые Он нам посылает, за всё добро, которое Он нам делает. Я не сомневался ни на миг, что каждое произнесённое сейчас слово — правда и истина.

С самого начала войны я ничего не хотел слышать о Боге, не хотел думать о Нём. Уверен, не я один такой, чья религиозная вера в Бога — в Его справедливость и милосердие — этой войной была подорвана в своих основах. До сих пор не могу найти ответ, как евреи сумели сохранить веру в Бога после Майданека и Аушвица. Я не знаю, как верить в Бога — и в какого Бога — после Бучи, Бородянки, Мариуполя?

Но сейчас — сам не знаю, почему — я обращался ко Всевышнему с благодарностью в сердце.

«Укрепи нас, наше тело и наш дух, чтобы мы смиренно служили Тебе. Мы найдём в себе силы всё выдержать, пройдём через любые испытания для того, чтобы благодарить Тебя и славить Тебя, и любить Тебя больше, чем мы любим себя и своих родных. Когда-то Ты сотворил чудо, помог евреям разбить превосходящую армию поганых врагов и очистить от них Иерусалим. Мы верим, что Ты и сейчас творишь чудо, помогая нам побеждать врагов».

Как-то вскользь, будто где-то на краю моего сознания, мелькали картины и с заснеженного Берковецкого кладбища, и Бабий Яр, в земле которого лежат мои расстрелянные предки, и Буча с массовыми захоронениями, и могила мамы в Нью-Йорке; я вспоминал и своего сына Давида, давшего мне в дорогу шестиконечную звезду на цепочке, и Максимку под Бахмутом… Я знал, что этот мир полон страданий и зла. И все собравшиеся сейчас в этой комнате тоже это хорошо знали.

«Мы будем всегда благодарить Тебя и славить Тебя, и любить Тебя больше, чем мы любим себя, своих родных и близких…»

Преступница

Ещё! Ещё! Ещё! — просила она, крепко обхватив меня за шею и обвив меня ногами за моей спиной.

— Ах, ха, ах… — я тяжело дышал, целуя её шею, её красивые груди, сохранившие упругость и форму.

…Потом, уставшие, мы лежали в кровати, разговаривали. Было уже три часа ночи, но спать всё равно не хотелось. Я гладил её бедро, а она целовала меня в мочку уха и шептала: «Юрася, рася, рася…», как и когда-то, четверть века назад.

— Юрася, приезжай к нам после победы. Будешь преподавать у нас историю, тебя будут любить наши студенты, украинским языком ты владеешь, английским тоже. Ты здесь станешь звездой. Мы даже можем попробовать, ради эксперимента, чтобы ты из Америки прочитал пару лекций моим студентам онлайн. Не знаю, правда, как это решить технически из-за разницы во времени и частых перебоев со светом. Так приедешь к нам после победы?

— Не знаю. Поживём — увидим.

— Хочешь услышать правду? — спросила она интригующим тоном. — Я никогда не спала с женатыми мужчинами. Это для меня было табу, «красной линией», которую нельзя переступать. Ты стал первым. Мне стыдно, что я на такое пошла. Ты женат, у тебя красивая жена, я заглядывала в твою страницу Фейсбука и видела там её фотографии. Она тебя очень любит?

— Да. Думаю, да.

— Зачем мы это сделали? Я чувствую себя преступницей. А ты?

— Ещё хуже.

Она села, посмотрела в окно, заклеенное вдоль полосами белой ленты, чтобы предотвратить разлетание осколков стекла во время ракетного обстрела.

— Я не хочу, чтобы ты уезжал. Не хочу, чтобы эта сказка закончилась, едва начавшись. Я не могу поверить, что всё это вообще правда. Что ты приехал, сюда, во время войны, непонятно зачем и почему. А я пошла на это party тоже непонятно зачем. Вернее, всё понятно, я шла, потому что меня пригласили и потому что хотела посмотреть, каким ты стал. Но по дороге я себе дала слово: никаких «левых» движений с моей стороны не будет, ни-ни, ни в коем случае, я на такое не пойду, — она ненадолго умолкла. — Если честно, я ни с кем не спала с начала войны. Даже не хотела. Война убила во мне все желания даже на это… Но когда мы вчера стояли с тобой на балконе и разговаривали о твоей маме и нашем несостоявшемся браке, я вдруг подумала: «А-а, чёрт с ним, со всеми своими принципами, пусть всё-всё идёт к чёрту. Я хочу его, хочу провести с ним хоть одну ночь, пусть хоть одну». Понимаешь?

— Понимаю. Стараюсь понять.

Возникла долгая пауза.

Наклонившись, она поцеловала меня и тихо промолвила:

— Юр, хочу тебя попросить. Пожалуйста, не злись на меня. И не жалей меня. Обещаешь?..

ЧАСТЬ ПЯТАЯ

«Где пан родился?»

На вокзале меня провожали Тарас с Наташей и Андрей с Людой. В вокзальном кафе мы выпили по чарке горилки и направились к выходу на платформы.

Большое количество военных — похоже, целое подразделение, с автоматами и вещмешками, стояло на одной из платформ, ожидая своего поезда. Некоторых провожали родители или жёны. А другие были без провожавших; собравшись в кружок, они курили, громко разговаривали и громко смеялись. Среди солдат были и совсем молоденькие, безусые, просто дети. Моё внимание привлекли и девушки, — тоже в военной форме или в форме военной полиции, с автоматами и вещмешками у ног.

Подошёл мой поезд. Мы крепко обнялись с Тарасом и Андреем. Я пообещал, что обязательно приеду на *пэрэмогу* есть красный борщ. Почувствовав, что слёзы наворачиваются на глаза, поспешил подняться на ступеньки в вагон.

Наташа и Люда решили не оставлять меня без своей опеки до последней минуты. Они зашли со мной в вагон, дабы убедиться, что здесь нормально, уютно, что моё кресло свободно и для чемодана есть место. (Это был современный поезд-экспресс, но мой вагон имел только сидячие места.)

Я поцеловал на прощанье Наташу, которая расплакалась и попросила обязательно написать, как доехал, а также передать большой привет моей жене и сыну и сказать им, что ждут нас всех в гости после победы.

Я ещё раз поблагодарил женщин за подарки: футболки, полотенца с украинской символикой, вышиванки для всей моей семьи, а для моей жены — ещё и платье с ручной строчкой. Кстати, в моём чемодане ещё лежали и переданные Людой сухофрукты, орехи с их дачи, пакеты какого-то целебного чая. Люда хотела передать и мёд с их пасеки, но я упросил не делать этого, так как, если он разольётся, то придётся выбросить всё вместе с чемоданом. Ещё там лежало несколько подаренных и купленных книг современных украинских историков.

Потом я обнял Люду, крепко поцеловал её в губы. Хотел что-то сказать ей про её сына на фронте, но все важные слова уже были сказаны, а другие не имели никакого значения.

Женщины вышли. Все четверо друзей стояли на платформе напротив моего окна; мы подмигивали друг другу, делали последние фотографии через стекло. Наконец поезд тронулся. Я снял куртку и сел в кресло, устраиваясь поудобней. Поставил на откидной пластиковый столик бутылку воды. За окном замелькали вагоны на отстойниках, потом невысокие здания технического назначения, перелески. Колёса тихо постукивали, кондиционеры напускали в тёплый вагон струи свежего воздуха.

Поначалу я решил почитать книгу — «История одного города» Салтыкова-Щедрина — взял её с собой из Нью-Йорка в расчёте перечитать во время своей поездки. Когда-то она мне нравилась, к тому же издание книги было высокого качества, с золотистыми буквами, тиснёнными на красном переплёте. Во время своего пребывания в Киеве, понятно, я её ни разу не раскрыл, а сейчас решил занять себя чтением, тем более было лишь восемь часов вечера, спать рановато.

Включив фонарик над головой, я стал читать известный роман русского классика сатиры. Но почему-то сейчас этот роман с первой же страницы не вызывал у меня ничего, кроме раздражения. Мне было совершенно неинтересно и даже как-то противно читать роман о городе Глупове; писатель выливал свою жёлчь сатирика, изощряя свой ум описанием Глупова и глуповцев, символизировавших, по замыслу Салтыкова- Щедрина, всю Россию с её бестолковой, уродливой, полузвериной жизнью.

Но зачем описывать жизнь идиотов? Стоит ли на это тратить силы, время и талант? Разве это интересно — узнать, до какого идиотизма и варварства доходят глуповцы в своей никчёмной жизни?

Я отложил книгу, решив оставить её «на память» кому-то из уборщиков поезда, если тот, конечно, захочет её взять и как-нибудь утилизировать, хотя бы ради хорошего переплёта, а не выбросит сразу в мусорный бак.

Потом я забылся в полусне под монотонный стук колёс. Изредка поезд останавливался, в динамиках мужской голос сообщал про остановку в очередном населённом пункте; предупреждали, что поезд будет стоять пять-десять минут. И мы трогались снова в направлении польского Перемышля.

Вагон был полупустой, среди пассажиров в основном были женщины разных возрастов с детьми, мужчин гораздо меньше.

Я полудремал, иногда, проснувшись, смотрел в окно на мелькавшие станции, заснеженные леса и сёла. Пытался найти ответ на простой вопрос: почему и зачем эта война? Да, можно найти множество политических, экономических и исторических объяснений, почему Россия напала на Украину. Но все эти многочисленные доводы не давали ответа на главный вопрос: как можно без приглашения вломиться в чужой дом, начать там грабить, насиловать, убивать? Разрушать города и сёла, уничтожать школы, больницы? Ведь это не укладывается в голову нормального человека. Не укладывается — и всё. Это может понять разве что глуповец, житель Глупова, идиот, полудикарь-полукретин. Нормальный человек такое понять и объяснить не может.

За эту поездку во мне многое изменилось, — в моём понимании истории, жизни, людей, себя самого. Пусть даже я приехал как турист и историк, погостив у друзей короткие две недели. А они в войне живут уже долгие десять месяцев.

Жена из Нью-Йорка уже отправила мне сообщение по Вотсап, спрашивала, в дороге ли я уже и всё ли окей. «Да, всё в порядке. Еду домой». Изредка я смотрел на большом экране под потолком вагона мультфильмы и рекламные ролики.

Затем в динамиках объявили, что до границы остаётся два часа, что во время проверки документов на таможне в поезде будут закрыты все туалеты и будет запрещено покидать свои места без разрешения. «Наш поезд идёт без опоздания. Однако время прибытия в конечный пункт следования — город Перемышль — будет зависеть от того, сколько времени займёт таможня».

Идём по расписанию. Замечательно. Значит, я не зря отказался от билета на прямой обратный автобус из Киева в Краков, решив ехать поездом сначала до Перемышля, а потом — электричкой в Краков, а там — самолётом на Нью-Йорк. Пусть на одну пересадку больше. Зато, как многие в Киеве меня уверяли, из Украины в Польшу автобусом ехать ненадёжно с точки зрения расписания — на выезд из страны сейчас тысячи машин, из-за зимы и ракетных обстрелов новый всплеск украинских беженцев, поэтому на таможне могут продержать и пять часов, и десять, а то и целые сутки. Зато поездом всё гораздо быстрее, задержки на таможне недолгие — на час-два.

Я снова задремал, причём в этот раз очень сладко, тем более уже была глубокая ночь, навалилась усталость от сцен прощания с друзьями и городом.

Меня разбудили чьи-то громкие мужские голоса, грохот сапог и фырканье собак. По центральному проходу вагона шли военные, а перед ними — овчарки. Собаки порой останавливались возле сидений, громко фыркая и виляя хвостами, что-то вынюхивали. Военный отдавал им команды. Ничего не найдя, военные с собаками шли дальше по вагону. В динамике голос объявил, что все пассажиры должны подготовить свои документы, и ещё раз напомнили: без разрешения покидать свои места запрещено.

Я достал из кармана куртки свой американский паспорт. Раскрыл его: на первой страничке моя фотография, рядом с ней — мои имя и фамилия, дата рождения, в графе «национальность» — «United States of America», а местом рождения указана «Ukraine». Паспорт был совсем новеньким, это была моя первая поездка по нему. Там внутри на страницах было только две печати — польской и украинской таможни, поставленные две недели назад, когда я приземлился в Польше и пересёк границу Украины.

— *Ваш паспорт, панэ,* — обратилась ко мне молодая женщина в военной форме. Она говорила строго и жёстко, без всяких улыбочек, совсем не так, как ко мне обратилась украинская военная на таможне, когда я в Украину въезжал.

Я протянул ей свой паспорт. Раскрыв его, таможенница бросила на меня короткий взгляд, сверив идентичность фотографии в паспорте со мной.

— *Де пан народывся?* — спросила она.

— *У Киеви.*

— *У пана подвийнэ громадянство и украинський паспорт?*

— Нет, — ответил я, не моргнув глазом.

— *Цэ правда?*

— *Так, чиста правда,* — ответил я, сохраняя спокойствие, хотя почувствовал, что у меня всё похолодело внутри.

— *Добрэ.* Я сейчас проверю, — сказала она и ушла с моим паспортом.

Откинувшись на спинку сиденья, я хмуро посмотрел в потолок. «Так. Приехали».

У меня был украинский паспорт, действительный украинский паспорт. Когда двадцать пять лет назад я уезжал из Украины на ПМЖ, украинского гражданства уже не лишали — по желанию самого отъезжающего. Украинский паспорт у меня тогда сохранился, но он был старого образца. Потом я его обновил в Украинском Консулате в Нью-Йорке, когда отвозил своего маленького сына в Киев к родителям жены в гости. С тех пор я тем украинским паспортом больше не пользовался, в Нью-Йорке он лежал дома среди других маловажных документов. Отправляясь в эту поездку, я без всяких раздумий взял американский паспорт, зная, что на всех таможнях — и в Польше, и в Украине, и в любой стране Европы — у меня с ним проблем не будет. «Юрко-дурко! Как же ты об этом не подумал, когда ехал сюда?! Ведь мне же 58 лет, а мобилизационный возраст до 60. Ведь де-юре я подлежу мобилизации. Меня, как гражданина Украины (а не только Америки), с полным правом могут — и даже обязаны — сейчас не выпустить из страны. Сейчас она введёт в электронную систему мои данные — моё имя, фамилию, дату рождения, даст запрос и получит ответ. И всё. Меня ссадят с поезда и отправят обратно. И потребуют стать на воинский учёт в военкомате. Разве что произойдёт какая-то ошибка. Но это вряд ли».

Я чувствовал, что строение всей моей жизни, которое я возводил так долго и с таким трудом, которое до сих пор мне казалось прочным и незыблемым, рушится буквально на глазах. «Если меня отправят в Киев, то… я потеряю работу профессора в колледже, уволят с работы парамедика, неизвестно, что будет с докторской диссертацией. Всё коту под хвост. Вот к чему может привести одна оплошность, одно непродуманное движение. И что же я буду делать в Киеве? Без вещей, без работы? Чем буду заниматься? Как жить? Кретин! Почему ты не подумал об этом раньше, отправляясь в Киев во время войны?!»

Внешне, однако, я старался сохранять спокойствие. Смотрел на подвешенный к потолку вагона большой экран, где реклама украинской национальной одежды сменялась роликами с инструкциями, какие действия должен предпринимать гражданин Украины, оказавшийся на оккупированной территории, особенно в том случае, если враг вынуждает его взять в руки оружие и воевать против своих. И какое наказание ждёт за измену Родине.

«Что ж, шутки закончились, всё начинается по-серьёзному. Теперь война сама решит, что со мной делать. Теперь мой выбор становится ограниченным; очутившись по «эту сторону», я стал частью этой войны, а не свободным путешественником. Буду пить из одной чаши со всеми. Не беда. Поеду к Тарасу или Андрею. На первое время поселюсь у них, пока жена из Америки вышлет деньги, чтобы снять квартиру. Чем же я буду там заниматься? Пойду к ней, к чернобровой? Да, к ней. Она же не хотела расставаться со мной, хотела, чтобы эта сказка длилась вечно; когда я утром уходил от неё — ревела в коридоре. Вот я и вернулся, дорогая. Вытри слёзы, сказка продолжается. Если не возражаешь, могу поселиться и у тебя. Кстати, ты обещала устроить мне для пробы несколько лекций онлайн со студентами Могилянки. Замечательно. Я прочитаю им лекции на самом высоком уровне, как смогу — на двух языках — украинском и английском. Времени у меня теперь будет вдоволь, — два года, пока не стукнет шестьдесят. А если меня загребут на фронт, то многие вопросы отпадут сами собой».

Время мучительно тянулось. Размышляя обо всей этой нелепой ситуации, в которой очутился, гневаясь на себя за свою глупость и на эту жёсткую женщину в военной форме, которая сейчас проверяет мои документы, неожиданно для себя я почувствовал, что… несмотря на нахлынувший приступ малодушия, в то же время меня переполняет странное чувство радости. Радости оттого, что у меня сейчас появляется редкий шанс сделать что-то крайне важное и нужное. Жизнь бросает мне вызов. И я обязан этот вызов принять. Всё прочее — преподавание в нью-йоркском колледже, диссертация, — всё это, может, и является важными компонентами обычной жизни, но перед этой войной — меркнет и отступает далеко на задний план.

«Да, это шанс, вызов. Я должен всё бросить или, по крайней мере, отложить на время, остаться в Украине и пойти работать парамедиком на фронт. Вот мой коллега — Лёва — всё оставил и сейчас в Краматорске, руководит там отделением парамедиков, спасая раненых. Я должен с ним связаться и поехать к нему».

Мне почудилось, что в моей жизни сейчас совершается коренной перелом, во мне рождается новый человек, настоящий; поднимается какая-то великая сила жизни и судьбы, сметая со своего пути всё мелочное, второстепенное.

— *Ось ваш паспорт, панэ,* — передо мной стояла та же молодая таможенница в военной форме, протягивая мне мой американский паспорт. В её голосе сейчас звучали иные, уже добродушные нотки, и во взгляде красивых глаз появилась приветливость. — *На всэ добрэ вам, панэ,* — и она пошла к другому мужчине, сидевшему за несколько рядов впереди меня.

В несколько больших глотков я выпил всю воду из бутылки. Затем, раскрыв паспорт, увидел на одной из страничек прямоугольничек свежей печати. «Всё в порядке, выпустили. Непонятно почему, но выпустили. Вероятно, электронная система дала сбой. Или, вводя мои данные, она сделала ошибку. Неважно, почему. Важно, что еду домой, в Нью-Йорк. Фу-ух». Я глубоко выдохнул, снова откинувшись на спинку сиденья.

Поезд долго стоял. Таможенницы в военной форме вывели из вагона двух мужчин среднего возраста. Посмотрев в окно, я вскоре увидел этих мужчин на платформе, шедших в сопровождении военного с автоматом к какому-то зданию. Понятно, с ними будут разбираться и выяснять, имеют ли они законное право сейчас покидать Украину, и если нет, то отправят обратно.

А я еду домой. В Нью-Йорк. Я здесь был только гостем. Буду помогать им из Америки деньгами. И приеду на *пэрэмогу* — есть борщ со сметаной. Этого достаточно. Это не моя война.

Снова по вагону ходили военные с овчарками. Снова ходили таможенники. На экране монитора бесконечно повторялась одна и та же реклама украинской национальной одежды, сменяемая инструкциями, как себя вести, очутившись под оккупацией, и что делать, если враг потребует, чтобы ты взял в руки оружие и пошёл воевать против своих.

Наконец раздалось сообщение, что таможня закончена и поезд сейчас тронется. Однако точное время прибытия в Перемышль оставалось неизвестным: по словам проводника, перед нами туда только что пришёл другой поезд из Украины, тоже с опозданием, поэтому сначала будут обслуживать его.

Пассажиры уже начали беспокоиться. Дело явно затягивалось. С частыми долгими остановками мы всё-таки доехали до польского вокзала, но из вагонов никого не выпускали. Получается, что двухчасовая задержка при проверке документов растянулась уже на четыре часа из-за неразберихи с поездами. Шёл уже пятый час, а мы по-прежнему сидели в закрытых вагонах.

У некоторых пассажиров стали сдавать нервы. Дело в том, что практически для всех пассажиров в этом поезде Перемышль был местом пересадки, перевалочным пунктом. Отсюда все разъезжались дальше — в Польшу, Чехию, Германию, по всей Европе, кто куда. Понятно, что у большинства пассажиров были заранее куплены билеты на автобусы, электрички, поезда из Перемышля в Краков, Варшаву, Прагу, чтобы там садиться на поезда и самолёты и ехать дальше. И вот — пожалуйста! — задержка на целых пять часов! Поезда и самолёты ждать не будут.

Пошёл слух, что первыми будут выпускать пассажиров из передних вагонов. Поэтому пассажиры из задних вагонов стали прорываться вперёд в расчёте поскорее выбраться, как только откроют двери. Все проходы быстро заполнились. Люди начали ругаться и скандалить.

Женщина средних лет проталкивала вперёд по проходу свой большой чемодан и кричала:

— Пропустите меня вперёд! Вы что, не понимаете? У меня билет на поезд в Прагу! Я опаздываю на электричку! Я из Херсона, вы понимаете? Я там была под бомбёжками, мой дом разрушили, мне негде жить, понимаете?! Если я опоздаю и пропадёт билет, я новый билет покупать не буду, у меня нет денег на новый билет. Я тогда приду в отделение польской полиции, сяду на землю перед их участком, и пусть делают со мной что хотят, пусть отправляют меня куда угодно за свои деньги. Вы тут, на Западной Украине, живёте как у Христа за пазухой, я побыла во Львове неделю, видела, как вы живёте. У вас всё есть, — и рестораны, и магазины, совсем зажрались!

— *Ей-ей, тихіше, жіночко*. Кто вам мешает жить, как мы во Львове? Вы хоть знаете про то, что Львов принял полмиллиона украинских беженцев с Востока? С чего это вы считаете, вам все должны? Вам никто ничего не должен, *розумієте*? И не сейте тут *ворожнечу*! — осудила её другая женщина, демонстративно поставив перед ней свой чемодан, перегородив ей проход. — Я тоже опаздываю на самолёт. Уже опоздала. Так що, из-за этого я должна всем глаза выцарапать? Но вас вперёд я всё равно не пропущу, из принципа. Стойте и ждите, как все мы!

— Вы из Херсона, а я с Донбасса, нас сорвало с родного дома ещё с пятнадцатого года, до сих пор не можем осесть и жить по-человечески. Вот опять едем, ещё и с двумя детьми, — с сиденья вмешалась в разговор ещё одна женщина. Рядом с ней на сиденье спала девочка-подросток, переклонившись со своего кресла на мамины колени.

К этому всеобщему раздражению и перебранке добавлялся сильный кашель и насморк столпившихся пассажиров, пришедших из дальних вагонов со своими чемоданами и сумками. Безусловно, частые отключения электричества, что стало причиной отсутствия в домах горячей воды и отопления зимой не прошли для жителей всей Украины бесследно, сказалось и на их здоровье. Плюс переезды, долгие ожидания на заснеженных, обдуваемых зимними ветрами платформах и открытых автобусных станциях. Поэтому неудивительно, что среди пассажиров было немало простуженных.

В динамике объявили, что можно выходить, и вся толпа повалила к дверям. Наконец-то!

Возле здания польской таможни тут же возникла очередь, которая, впрочем, мало была похожа на очередь, скорее, на толпу, осаждавшую здание. Женщины с детьми, чемоданами и сумками пытались прорваться в то небольшое здание, чтобы польские таможенники поскорее просветили их багаж и поставили печати в их паспорта. Все опаздывали на поезда, автобусы и самолёты.

Я тоже стоял в этой обозлённой, отчаянной, уставшей — несчастной — толпе людей, сорванных войной со своих насиженных мест, со своих домов, вырванных с корнем из знакомого родного быта и брошенных непонятно куда и неизвестно на сколько.

Я подумал о том, что сейчас на Западе обсуждают, как привлечь к уголовной ответственности Путина и его присных за это преступление, за эту войну. Высказываются юристы-правоведы, участвовавшие в других международных судах, включая Гаагский, где рассматривались военные преступления того или иного правителя — бывшего диктора Руанды, Сербии и т. д. В связи с этим часто ссылаются и на Нюрнбергский процесс и вынесенные приговоры нацистским бонзам — повешенным или приговорённым к различным срокам тюрьмы, включая пожизненный. Некоторые юристы объясняют, почему привлечь Путина к такому суду будет не так просто. Другие же настаивают на том, что это сделать необходимо, невзирая ни на какие юридические или политические препоны.

Да, нужно обязательно привлечь Путина к суду, приговорить его и группу его кремлёвских единомышленников к смерти через повешение. Или посадить на электрический стул. Можно и утопить. Ввести смертельную дозу яда.

Но неужели таким образом будет восстановлена справедливость? Нет, я серьёзно? Неужели смерть горстки криминальных упырей, нравственных уродов, недолюдей — искупит страдания десятков миллионов невинных людей, страдания целого народа?..

Вместе со всеми я медленно продвигался к дверям таможни. Мои ноги замёрзли, начала болеть голова. Мой поезд из Пшемышля в Краков ушёл час назад, и я не знал, удастся ли взять билет на другой поезд, и успею ли на самолёт.

* * *

Мне повезло ещё раз. Пригородный поезд на Краков отходил через пятнадцать минут. Шанс успеть на самолёт оставался. Взяв билет онлайн, я поднялся в вагон и сел на свободное место. Поезд двинулся в путь, и в окне замелькали холмы и леса заснеженной Восточной Польши.

Я часто поглядывал на часы. Времени оставалось в обрез, в Кракове мне предстояло ещё от ж/д вокзала добираться до аэропорта. «Возьму такси. Авось успею. По сравнению с тем, что со мной могло случиться сегодня ночью на таможне, всё остальное мелочи. В крайнем случае, если опоздаю на самолёт, остановлюсь в Кракове в гостинице, куплю новый билет и полечу в Нью-Йорк другим рейсом. А ведь я мог сейчас ехать не в Краков, а потом — в мирный весёлый Нью-Йорк, а в военный суровый Киев, причём уже не на две недельки, а на два года; в Киев, где нет ни света, ни связи, зато есть ракетные обстрелы и постоянное ожидание нового наступления русских».

Мысли про случившееся несколько часов назад на таможне сейчас вызывали у меня и чувство радости, что я так благополучно «выскочил», но в то же время — и какой-то сильной досады, даже стыда. Я уже понимал, что теперь, после этого случая, не смогу жить так, будто бы ничего в моей жизни не произошло.

Ну и чёрт с ним! Надо жить, как все нормальные люди. Работать над диссертацией, преподавать в колледже, подрабатывать парамедиком. У меня семья. Жена и сын. Нельзя из-за какой-то случайной нелепой ошибки или минутной прихоти всё ломать, подвергать свою семью испытаниям. Кстати, нам с женой нужно оплачивать учёбу сына в колледже и выплачивать долг за недавно купленный дом. Ещё мы собирались купить вторую машину — одной машины на троих явно не хватает, да и моя «Тойота» уже старенькая, колёса еле крутятся.

У меня возникло ощущение полного раздвоения личности, будто бы два разных человека борются за меня, вернее, требуют от меня выбора, ждут, чью сторону я займу, причём решение нужно принимать сегодня, сейчас. Времени в обрез.

* * *

Выйдя из такси и рассчитавшись с говорливым польским таксистом, который во время поездки то и дело повторял «Путин к-курва!», а всё остальное в его речи я едва ли понимал, я вытащил из багажника машины чемодан и пошёл к уже знакомому зданию международного Краковского аэропорта.

До вылета самолёта оставался почти час. Вэри гуд! Успеваю и зарегистрироваться, и пройти таможню.

Впрочем, расслабляться нельзя, нужно всё делать быстро. За выдвижную ручку я вёз за собой чемодан, маленькие колёса которого производили большой неприятный шум.

А вот — знакомая автобусная остановка. Две недели назад я здесь сел в автобус, который повёз меня в Киев. Сейчас здесь не было ни души.

Так же, как и две недели назад, сыпал мокрый снег, асфальт повсюду был покрыт серовато-бурыми холмиками снежной жижи. Мимо проезжали такси, из-под их колёс вылетали веера грязноватого снега.

Подойдя к остановке, чтобы укрыться под навесом от снега и дождя, я поставил вертикально чемодан, достал из кармана мобильный телефон. Нашёл нужный номер.

— Лёва, привет. Это я.

— Привет, — услышал я знакомый голос.

— Не разбудил?

— Бро, ты что, шутишь? У нас день, только начало пятого. Ещё светло, — ответил он.

Как я упоминал ранее, Лёва был моим коллегой, мы с ним работали в Нью-Йорке в одной компании парамедиков. Это тот самый Лёва — бывший киевлянин, который когда-то, покидая Украину, в аэропорту повернулся и плюнул в сторону Киева, со всем накопившимся в его душе презрением к этому городу, где он родился и вырос. И к Украине в целом. Тот самый Лёва сейчас, тридцать лет спустя, поехал в Украину, оставив в Нью-Йорке и семью, и работу, и сейчас работает парамедиком в Краматорске.

Кстати говоря, в Нью-Йорке мы с ним практически не общались. Он мне казался малоинтересным и скрытным человеком. Впервые мы с ним поговорили по душам только в последний день, перед его отъездом в Украину, когда я узнал, что он уезжает, взяв в компании отпуск за свой счёт на три месяца. Свой поступок он мне тогда объяснил так: «Эта война — несправедливая, так быть не должно. Такую несправедливость нельзя допустить. Точка». Потом, после его отъезда в Украину, я, заглянув на его страничку Фейсбука, по фотографиям и постам узнал, что он — религиозный еврей, в Нью-Йорке ходит в синагогу, часто встречается с какими-то раввинами, участвует в религиозных мероприятиях общины. Словом, настоящий иудей. На работе, однако, он свою религиозность ничем не выдавал, разве что носил очень густую рыжеватую бороду, а под шапочкой медбрата, которую очень редко снимал во время смены, носил ермолку.

Перед его отъездом в Украину мы обменялись телефонами. Иногда я с ним связывался из Нью-Йорка, чтобы разузнать, как там и что там. Если он был свободен, то рассказывал мне о повседневном своём житье-бытье и о войне на Донбассе, какая она там, ведь, как я теперь понял, война везде разная.

— Как дела, Юра? — спросил Лёва. Его голос звучал чисто и ясно, так, будто бы он сейчас стоял рядом со мной.

— Всё нормально, всё окей. Как там у вас?

— Жарко, бро, очень жарко. Здесь, на Донбассе, настоящая война, просто третья мировая. Много погибших с нашей стороны и много раненых. Те, у которых ранения полегче, остаются здесь, в Краматорске, и их лечат здесь. А тяжёлых мы отвозим в Днепр. Здесь жесть, бро, настоящая жесть.

— Вам нужны парамедики?

— Да, конечно. Нужны и военные, и полиция, и парамедики, и волонтёры, — все подряд. Почему ты спрашиваешь?

— Я сейчас в Украине. Вернее, я в Польше, в Кракове. На вокзале.

— Ты серьёзно?

— Да, вполне. Возьмёшь меня к себе в отделение на пару-тройку месяцев?

— Конечно, возьму. Юра, ты хорошо подумал?

— Да.

— Окей. Тогда давай сразу оговорим вопрос денег, чтобы потом не было недоразумений. Смотри, здесь нам платит благотворительный американский фонд, по деньгам кругом-бегом получается почти столько же, сколько нам платят в Нью-Йорке, ну, может, чуточку меньше. Тебя такое устроит?

Я хмыкнул — не ожидал, что мне ещё будут платить, причём почти столько же, как и в Нью-Йорке.

— Устраивает. Более чем.

Мы договорились, что он меня встретит на вокзале в Днепре.

Попрощавшись, я не спеша пошёл к зданию аэропорта. Я испытывал невероятную лёгкость, словно освободился он каких-то тяжёлых оков. Вдруг пожалел, что не взял с собой в эту поездку свою униформу парамедика, перчатки, ножницы и стетоскоп. «Жаль, там всё это могло бы пригодиться».

Почему-то в этот миг подумал про Максимку — может, встречу его там? Пути Господни неисповедимы…

Потом, усевшись за столиком в уютном тёплом кафе аэропорта, я достал мобильник и позвонил жене в Нью-Йорк.

— Привет. Как дела?

— Юрчику, ты? У нас всё нормально. Готовимся тебя встречать. Как у тебя? Всё в порядке? Ты сейчас в аэропорту? Ждёшь вылета? *Добрэ*. Я посмотрела в компьютере, вылет твоего самолёта по расписанию. Ты там не замёрз? Я слышу по голосу, что у тебя насморк.

— Нет, я совершенно здоров.

Я не знал, как сообщить жене новость, от которой она, мягко говоря, не будет в восторге. Ещё меня сейчас мучило чувство вины за ненужную измену ей.

— У меня для тебя не очень хорошая новость, — я перебил жену, наконец решив сообщить ей главное.

Она тут же умолкла. Её внутреннее напряжение сразу передалось и мне. Мы долго жили вместе, успели изучить друг друга до малейших чёрточек.

— В общем так, я остаюсь здесь. Ненадолго, на несколько месяцев. Так получилось. Понимаешь, мне позвонил Лёва… Помнишь парамедика, с которым я когда-то вместе работал и который уехал в Украину? Я тебе про него рассказывал, помнишь? Так вот, он сейчас работает в Днепре, какой-то благотворительный американский фонд платит им сумасшедшие деньги. Он спросил, не хочу ли я… в общем, я согласился.

— А как же твоя работа? Учёба? Мы?

Я не знал, что ей ответить.

— Это не опасно? — спросила она после долгого молчания.

— Абсолютно нет. Это же не на Донбассе, а в Днепре. Там всё тихо, — соврал я.

— Ты мне говоришь правду?

— Да, абсолютно. Чтоб я сдох.

— Я знала, что этим закончится, — сказала она тихо.

Я понял, что она плачет.

Там, в Нью-Йорке, сейчас раннее утро. Там сейчас тепло, хоть и зима. Уже давно зимы в Нью-Йорке тёплые и мягкие. Не сравнить с этой зимой в Украине.

Эпилог

С тех пор прошло два месяца.

В бою под Бахмутом Максимка был контужен взрывом снаряда. (По ошибке его взвод накрыла своя же артиллерия, в войну такое случается нередко.) К счастью, контузия у него оказалась нетяжёлой. Восстановившись, он вернулся на передовую.

Андрею пока так и не удалось получить место в пресс-центре в штабе, чтобы быть поближе к сыну. Он с Людой по-прежнему в Киеве, — мается, ищет себе применение.

А вот в жизни Тараса и Наташи произошло значительное событие: их младший двадцатидвухлетний сын оставил учёбу в колледже в Берлине и приехал в Киев. Явился к родителям, как снег на голову. Стал на учёт в военкомате и уже получил повестку на медкомиссию. Понятно, что Тарас и Наташа в полной растерянности. Вернее сказать, в шоке.

Я работаю военным медиком в подразделении Лёвы, как его у нас называют — «Лёва-иудей». Каждое утро перед началом смены, закрывшись маленькой комнатушке, Лёва надевает тфилин и совершает молитву. По его твёрдому убеждению, из всех народов только евреи могут по-настоящему понять то, что сегодня испытывают украинцы. Поэтому на евреях в этой войне лежит особый долг: и если какой-то еврей этого не понимает, не способен сегодня почувствовать себя в шкуре украинца и для него «всё не так однозначно», то такой еврей последний мудак.

Ещё зима. Здесь страшная февральская холодрыга. Страдания и ужасы войны в тылу не идут ни в какое сравнение с тем, что происходит здесь, на фронте.

Но Киев стоит.

И Бахмут стоит — *як неприступна фортэця.*

Март, 2023 г.

www.ingramcontent.com/pod-product-compliance
Lightning Source LLC
LaVergne TN
LVHW010950110826
845149LV00015B/3284

* 9 7 8 1 9 6 0 5 3 3 0 0 5 *